Max Büdinger

Ammianus Marcellinus und die Eigenart seines

Geschichtswerkes

Eine universalhistorische Studie

Max Büdinger

Ammianus Marcellinus und die Eigenart seines Geschichtswerkes
Eine universalhistorische Studie

ISBN/EAN: 9783743651982

Hergestellt in Europa, USA, Kanada, Australien, Japan

Cover: Foto ©ninafisch / pixelio.de

Weitere Bücher finden Sie auf **www.hansebooks.com**

DENKSCHRIFTEN

DER

KAISERLICHEN AKADEMIE DER WISSENSCHAFTEN IN WIEN

PHILOSOPHISCH-HISTORISCHE CLASSE.

BAND XLIV.

V.

AMMIANUS MARCELLINUS

UND

DIE EIGENART SEINES GESCHICHTSWERKES,

EINE UNIVERSAL-HISTORISCHE STUDIE

VON

MAX BÜDINGER,

WIRKLICHEM MITGLIEDE DER KAIS. AKADEMIE DER WISSENSCHAFTEN.

WIEN, 1895.

IN COMMISSION BEI CARL GEROLD'S SOHN

BUCHHÄNDLER DER KAISERLICHEN AKADEMIE DER WISSENSCHAFTEN.

Druck von Adolf Holzhausen,
k. und k. Hof- und Universitäts-Buchdrucker in Wien

Vorwort.

Die nachfolgenden Untersuchungen sind, wie die im neununddreissigsten Bande dieser Denkschriften abgedruckten über ‚Poesie und Urkunde bei Thukydides', in einer doppelten Absicht geführt worden. Sie sollen zunächst den Schriftsteller und sein Werk mit möglichster Vollständigkeit kennzeichnen, dann aber auch beider Stellung in dem universalhistorischen Zusammenhange der Begebenheiten erkennen lassen. Wenn ich damals den grössten Genius geschichtlicher Wissenschaft in sein richtiges Licht zu bringen suchte, so habe ich diesmal nur einen begabten, nicht glücklichen, ungemein fleissigen, mit wenig Kritik ausgestatteten historischen Schriftsteller des ausgehenden griechisch-römischen Heidenthums vorzuführen, welcher den Uebergang zu den erheblicheren Geschichtschreibern des christlichen Mittelalters nach verschiedenen Seiten erleichtert. Seine Betrachtung hat mich jedoch schon zu Ausblicken genöthigt, welche nicht eben den Wünschen des Lebenden entsprechen würden.

Erstes Kapitel.

Tacitus' Nachahmung.

Ammianus Marcellinus war der letzte auf uns gekommene heidnische Geschichtschreiber in lateinischer Sprache. Er ist auch als einer der letzten Nachahmer derjenigen anzusehen, welche die Universalhistorie unter römischer Einwirkung fortgebildet haben. In den ob auch lückenhaft auf uns gekommenen, die Jahre 353 bis 378 umfassenden Theilen seines

Werkes, den achtzehn letzten seiner einunddreissig Bücher, die er schlechthin ‚Thaten‘ oder ‚Kriegsthaten‘ (res gestae) genannt hat, tritt eine Absicht der Nachahmung jener bedeutenden Vorgänger nicht sofort hervor. Es schien sogar, vollends da von den dreizehn früheren, die Jahre 96 bis 353 umfassenden Büchern nichts von Erheblichkeit erhalten ist, als lasse sich durchaus nicht sagen, ob er irgend welcher Muster oder Vorbilder gedacht habe.[1]

Seine abspringende Art der Darstellung bringt gelegentlich ganz persönliche Lebenserinnerungen, Schilderungen einer grossen Zahl von Ländern und Völkern, Erwähnungen von Sitten, Staatsordnungen, Hervorbringungen der Kunst und Literatur, merkwürdigen terrestrischen und astronomischen Thatsachen oder auch Einbildungen; immerhin verweilt er am liebsten bei Kriegsbegebenheiten. Diese lose, ganz subjective und nicht selten nur technisch-militärische Behandlung des Stoffes erinnert zunächst an einen so bedeutenden Förderer der Universalhistorie wie Polybios.[2] Ob er aber diesen gelesen hat, ist doch sehr zweifelhaft; die einzige uns vorliegende Erwähnung desselben geht nur auf eine gelehrte Reminiscenz des Kaisers Julianus.[3] Diodor und Trogus Pompejus, bei denen er ebenfalls so viele Belehrung, bei beiden auch über die von ihm selbst so eingehend behandelten Gebiete und Sitten Asiens, finden konnte, lässt er, und wohl nicht nur in den auf uns gekommenen Theilen des Werkes, ganz unerwähnt. Auf Sallust's Historien bezieht er sich einmal (XV 12, 6); wie stark er ihn verwerthete, zeigt die Thatsache, dass selbst von den auf uns gekommenen Fragmenten des Werkes sich sechzehn Stellen bei Ammianus als entlehnt haben erweisen lassen.[4]

Eher liess sich vermuthen, dass er, etwa im Eingange seines ersten Buches, von den beiden Historikern gesprochen habe, an deren Werke das seinige sich anschloss, wie er ja am Schlusse desselben bemerkt, mit ‚dem Principate des Kaisers Nerva‘ begonnen zu haben. In den erhaltenen Büchern erwähnt er freilich weder Tacitus noch Suetonius, welche eben bis zu des Kaisers Domitianus Ende oder Nerva's Erhebung ihre Darstellungen geführt hatten.

Dass er Sueton nicht als seinen Vorgänger gelten lassen mochte, dessen Werk er fortgesetzt habe, lässt sich aus der Verachtung schliessen,[5] mit welcher er des Marius Maximus, also gerade des Historikers gedenkt, welcher seinerseits als Suetonius' Fortsetzer, mit Kaiserbiographien von Nerva bis Septimius Severus oder einen der nächstfolgenden Herrscher, unter seinen Zeitgenossen gelten wollte. Ammianus sieht in der Lectüre dieses Schriftstellers, zugleich mit Juvenal, ein charakteristisches Zeichen für die Müssiggänger der römischen Gesellschaft seiner eigenen Zeit, für Leute, welche Wissenschaften wie Gift verabscheuen.[6]

---

[1] Martin Hertz, Aulus Gellius und Ammianus Marcellinus (1874, Hermes VIII 257 bis 302), hat für Ammianus' Kenntniss und Verwerthung römischer Literatur ein überaus reiches Material geliefert, auch von Hugo Michael noch 1874 in dessen Breslauer Dissertation die zahlreichen Beweise der Benützung Cicero's mit einer Uebersicht S. 43 bis 47 zusammenzustellen lassen.
[2] Vgl. meine ‚Universalhistorie im Alterthume‘ (1895) 87 bis 96, dazu 201.
[3] Legerat enim, Aemilianus Scipionem cum historiarum conditore Polybio Megalopolitano Arcade et triginta militibus portam Carthaginis impetu simili subfodiens. XXIV 2, 16 ed. Gardthausen (bibl. Teubneriana 1874·75), welche Ausgabe ich benutze.
[4] \ Gardthausen, Conjectanea Ammianea (Kiliae 1869), S. 36 und ‚Die geographischen Quellen Ammians‘ (Leipzig 1873), S. 43 bis 46.
[5] Johann Jakob Müller, Der Geschichtschreiber L. Marius Maximus (in den von mir herausgegebenen Untersuchungen zur römischen Kaisergeschichte 1870, III) 3 f.
[6] Quidam detestantes ut venena doctrinas, Juvenalem et Marium Maximum curatiore studio legunt, nulla volumina praeter haec in profundo otio contrectantes, quam ob causam non judicioli est nostri. XXVIII 4, 14.

Um so sicherer ist, dass unser Autor sich als Tacitus' Fortsetzer betrachtete. Eine eingehende Prüfung hat — wie ähnlich bei der von Ammianus' jüngerm Zeitgenossen Sulpicius Severus im Jahre 403 publicirten Chronik[1] — das Resultat ergeben, dass ganze Satzstücke aus Tacitus' verschiedenen, uns erhaltenen Schriften, den Dialogus ausgenommen, geschöpft worden sind. Aus Agricola's Lebensbeschreibung liegen wohl nur drei oder vier Beweise vor, aus dem Buche über die Germanen gar nur zwei, aus den sogenannten Annalen auch nur vier oder fünf; schon diese Beweise genügen, um Ammian's Beschäftigung mit Tacitus ausser Zweifel zu stellen.

Nun schloss sich aber sein eigenes Werk gar nicht an die eben genannten tacitischen Schriften an, sondern an die vierzehn — nach einer neuern, von mir keineswegs getheilten Meinung: zwölf — Bücher der Historien, welche die Jahre 69 bis 96 behandelten; von diesen sind uns blos die vier ersten Bücher und der Anfang, vielleicht etwa ein Drittel, des fünften erhalten; dennoch haben sich aus diesen wenigen Büchern bei Ammianus Marcellinus fünfzehn Satztheile sofort und einige andere mir selbst ergeben.[2]

Auch in der ungleichmässigen chronographischen Vertheilung des Stoffes findet man das tacitische Muster der Historien einigermassen befolgt. Bis fast in die Hälfte des vierten Buches werden von Tacitus die im ersten begonnenen Begebenheiten des Jahres 69 fortgeführt, im fünften bringt uns die mangelhafte Ueberlieferung noch nicht zum Ende des Jahres 70. Die sechzehn folgenden Jahre sind also, wenn in der Fortsetzung des fünften Buches noch das Jahr 71 erreicht wurde, in neun — oder nach jener andern Meinung in sieben — Büchern erledigt worden. Ammian hat sich denn auch, vermuthlich nach diesem Muster, grosse Freiheiten und Ungleichmässigkeiten der Darstellung in Bezug auf die zeitliche Anordnung der Begebenheiten erlaubt.[3] In den verlorenen dreizehn ersten Büchern hatte er — wie schon oben S. 2 bemerkt wurde — die Geschichten von zweihundertsiebenundfünfzig Jahren, vom Herbste 96 bis zur Bewältigung der Streitkräfte des Usurpators Magnentius am 10. August 353, geführt; die übrigen Begebenheiten dieses letzteren Jahres werden dann doch noch im vierzehnten Buche behandelt, und mit dem Ende des fünfundzwanzigsten gelangt er erst zu des Kaisers Jovianus Tod am 17. oder 18. Februar 364.

Während er also in dem verlorenen Theile des Werkes durchschnittlich etwa zwanzig Jahre in jedem Buche behandelte,[4] führte er seine Darstellung in den zwölf ersten uns

---

[1] Jakob Bernays, „Ueber die Chronik" — eigentlich genannt: a mundi exordio libri duo — „des Sulpicius Severus" (1861) an verschiedenen Stellen, darunter die merkwürdigste S. 57 in der „Universalhistorie im Alterthume" S. 200 mitgetheilt ist.

[2] Eduard Wölfflin, „Stilistische Nachahmer des Tacitus" im Philologus XXIX 557 bis 560. Auf den Seiten 559 und 560 hat Arnold Gerber die Ammianbeweise geliefert: zu denen 14 aus den Historien hat Wölfflin noch einen 15. gefügt: adulta ... in den Historien III 23 und bei Ammian XIV 2, 9. Hieher gehören auch Ammianus XXXI 16, 9 s. f.: aetate dortrink ... wie Historien II 81: donens aetate formaque und die fünf am Ende dieses Kapitels erörterten Satztheile. Endlich bemerkt noch Wölfflin im „Literarischen Centralblatte" 1871, S. 1085 in XXVIII 2, 12: varia et longinqua petere: Tac. Agricola 37 und Annalen XV 11: longinqua et avia repetivere.

[3] Hugo Michael (vgl. oben S. 2, Anm. 1), „Die verlorenen Bücher des Ammianus Marcellinus" (Breslau 1880, 32 Seiten. 8°) hat mit nicht eben erheblichen Argumenten nachzuweisen gesucht (S. 15, 23, 28, 29), dass die dreizehn verlorenen Bücher nur die Zeit von Constantius des Grossen Tode an (Mai 337) umfasst hätten, die Darstellung von Nerva an einen ersten nicht minder grossen Theil bildete. — Der von ihm versuchte Nachweis (S. 24 f.), Tacitus sei von Ammianus für „chronologische Reihenfolge" verwendet worden, ist ihm ebenfalls nicht geglückt. — Verdienstlich aber ist S. 6 bis 8, 11 bis 15 die Ergänzung der von Gardthausen I. p. 1—4 zusammengestellten Rückweise auf die dreizehn verlorenen Bücher in Ammianus' achtzehn erhaltenen.

[4] Ich halte es für durchaus unwahrscheinlich, dass das erste Buch mehr als Nerva's und Trajan's Regierung — also etwas über die im Texte vermutheten zwanzig Jahre — enthalten habe. Vollends das auf Hadrian's und Severus' Thaten gehende Satz aus XXII 15, 1 hätte Gardthausen um so weniger hieher ziehen sollen, als Ammianus ausdrücklich hervorhebt: strictim itaque, quoniam tempus videtur hoc flagitare, res Aegyptiacas tangemus, über welche er in actibus jener beiden Kaiser

1*

erhaltenen Rollen oder Bänden nur durchschnittlich nicht ganz ein Jahr weiter. In den sechs letzten Büchern gelangt er über den 9. August 378, als den Tag der Schlacht von Adrianopel, hinaus vielleicht zum Ende des Monats; es umfasst also dieser Schlusstheil etwa fünfzehnundeinhalb Jahre, so dass auf jedes Buch durchschnittlich dritthalb Jahre kommen. Und diese spätere Vertheilungsweise des Stoffes mag mit den letzten, oben erwähnten zehn Büchern der taciteischen Historien stimmen. Die Behandlung von des Kaisers Julianus letzter, bis zum 26. Juni 363 reichender Regierungszeit, also eben dieser Hälfte des Jahres 363, in zweiundeinhalb Büchern, dem drei-, vier- und fünfundzwanzigsten konnte der Autor wohl nach Tacitus' ebenfalls erwähntem Verfahren in den ersten Büchern seiner Historien als gerechtfertigt ansehen.

Es wird später bei Prüfung von Ammianus' historiographischer Urtheilskraft, speciell zu Beginn der Erwägung seiner Personalschilderungen[1] zu erörtern sein, wie er taciteischem Vorbilde in den Charakteristiken der Kaiser nach den Berichten von ihrem Tode gerecht zu werden suchte. Wie sehr er sich an dieses Muster hielt, dürfte — neben der Aneignung von Satztheilen desselben, dem Versuche einer ähnlichen chronographischen Oekonomie und den Schilderungen verstorbener Kaiser — eine weitere seltsame Thatsache ergeben. Die Anfangs- und Endworte eines jeden der uns erhaltenen Bücher Ammian's werden ohnehin Kennern taciteischer Redeweise als Nachahmungen derselben, wenn auch nicht gerade sehr gelungener Art erschienen sein. Nun besitzen wir aus den sogenannten Annalen nur zehn Anfangs- und neun Schlusssätze, aus den Historien fünf der ersteren, vier der letzteren. Und doch ergeben sich folgende Uebereinstimmungen oder Reminiscenzen in Anfangssätzen.

Ammianus	Tacitus
XXI Intercluso hoc bellorum difficili sorte cet.	Historien IV: Interfecto Vitellio bellum magis desierat cet.
XXII Dum haec in diversa parte terrarum fortunae struunt cet.	Historien II: Struebat iam fortuna in diversa parte terrarum cet.
XXIII Haec eo anno . . . agebantur cet.	Historien V: Ejusdem anni principio . . . agebat cet.
XXVIII Dum apud Persas' cet.	Annalen XV: Interea rex Parthorum² cet.
und in einem Schlusssatze:	
XXIV . . . quod diu squalidius videbatur.	Annalen III: . . . quod effigies eorum non visebantur.

Zweites Kapitel.

Verhältniss zu Libanios.

Wir sind über die allmähliche Entstehung des uns jetzt vorliegenden Textes von Ammianus' Werk in durchaus authentischer Weise unterrichtet. Ein dies feststellender Brief wurde schon im Jahre 1636 von dem noch jetzt als vorzüglichster geltenden Herausgeber

---

ausführlich gehandelt habe, visa pleraque narrantes. Wie wäre dies möglich gewesen, wenn Hadrian's Regierung noch ausser der Trajan's nach Nerva behandelt wurde!
[1] Siehe unten: fünftes Kapitel, §. 2.
² Ammianus gebraucht sonst beliebig den Parthernamen für die Perser.

Ammian's[1] in der Vorrede zu dessen Edition, wenn auch nur zu drei Viertheilen, mitgetheilt. Der Brief enthält die erwünschte, eben von Heinrich Valois schon bei der Publication gebührend gewürdigte Aufklärung.

Dieses bemerkenswerthe Stück ist von dem gefeiertsten Rhetor der Zeit, von Libanios, geschrieben, welcher über die Grenzen und die Lehrstätte seiner Heimath Antiochia hinaus auch das gebildete Publicum der anderen bedeutenderen Städte des Reiches, namentlich aber das stadtrömische zu beurtheilen in der Lage war. Abgesehen von seinem wiederholten längern Aufenthalte als Lernender und Lehrender in Athen, Nicomedia und Constantinopel, hatte er in vertraulichen Beziehungen zu dem Kaiser Julianus gestanden und nach dessen Tode bis in die Neunzigerjahre des vierten Jahrhunderts, also vielleicht über Libanios' achtzigstes Lebensjahr,[2] Beweise der grössten Hochachtung durch hohen Rang und Besuche der nächst den Kaisern in der Osthälfte des Reiches gebietenden Persönlichkeiten erhalten. Durch einen erstaunlich umfassenden Briefwechsel blieb er stets über den Stand der literarischen und politischen, einigermassen auch der religiösen Bewegungen dieser geistig überaus inhaltvollen Zeit unterrichtet. Er selbst hielt sich den alten Götterculten treu, ohne doch die auch in Antiochia sehr zahlreichen Christen, trotz gelegentlicher Ausfälle auf dieselben, zu offener Feindschaft zu treiben. Er betrachtete es als einen an ihm selbst geschehenen Raub von Seiten des Christenthums, wenn einer seiner Schüler zu demselben übertrat. Besonders empfindlich war ihm, als er etwa sechsundfünfzig Jahre zählte, dass der wahrscheinlich begabteste, gewiss aber feinfühligste seiner antiochenischen jüngeren Mitbürger und Schüler um das Jahr 370 Christ wurde; es ist der als Johannes Chrysostomos, Erzbischof von Constantinopel, so viel gefeierte und so kläglich im Exile umgekommene Kanzelredner, Interpret und Polemiker.[3] Noch sterbend soll Libanios ihn als geeigneten Nachfolger in seiner Rhetorenthätigkeit bezeichnet haben, wenn ihn eben nicht die Christen geraubt hätten.[4]

Es mag doch hier, um Libanios' urbane Formen zu würdigen, erwähnt werden, dass er einen etwa sechzehn Jahre jüngeren seiner Studiengenossen und wohl auch seiner Zuhörer in Athen und Constantinopel, den Gründer der orientalischen Klosterregeln Basileios, als dieser in ihrer Correspondenz das religiöse Gebiet betrat, artig zurückzuweisen wusste.

---

[1] Vgl. den Anhang.

[2] Geboren 314 n. Chr. G. R. Sievers, Leben des Libanius (1868) 207 f.; 202, 85 ff.; 135 ff.; 292 f. Unechte Briefe 294 f.

[3] Seine Werke in dreizehn Foliobänden 1718 bis 1738 opera et studio D. Bernardi de Montfaucon, monachi O. S. B. e congregatione S. Mauri, opem ferentibus aliis ex eodem sodalitio monachis. Der illustre Herausgeber feiert in der Widmung an den Cardinal Albani eben Johannes Chrysostomos mit begeisterten Worten. Von lutherischer Seite will ich die Berühmung aus dem jetzt vergessenen und kaum übertroffenen "Handbuch der allgemeinen Geschichte der christlichen Kirche von Dr. Heinrich Philipp Konrad Henke (und Dr. Joh. Severin Vater, Braunschweig 1825) I 113" mittheilen: "Ein Mann von herrlichen Geistesgaben und liebenswürdigem Charakter; von dem es so wenig gesagt ist, dass ihm in der Beredsamkeit und Auslegungskunst, nicht blos keiner von seinen Zeitgenossen, sondern überall kein Lehrer der alten Kirche gleichkam." Mit gewohnter Meisterschaft hat im Jahre 1779 Gibbon (The decline and fall of the Roman empire. Halifax 1848) II, chap. 32, p. 316 bis 320 Leben und Charakter desselben geschildert; Tillemont's devote Schilderung des Heiligen und seiner Thaten im eilften Bande der Mémoires ecclésiastiques (Venice 1732) S. 1 bis 405 behandelt er mit achtungsvoller Nachsicht.

[4] Hermiae Sozomeni historia ecclesiastica interprete Valesio ed. Reading (Cantabrigiae 1720) liber VIII, c. 2. p. 32: Λιβάνιος ... ἡνίκα ἐμέλλει τελευτᾶν, πυνθανομένου τῶν ἐπιτηδείων, τίς ἀντ' αὐτοῦ ἔσται, Ἰωάννης ἂνέφησεν εἶναι, εἰ μὴ Χριστιανοὶ τοῦτον ἐσύλησαν. Die mit sonstigen Citaten oft wiederholte Nachricht geht eben schlechterdings nur auf Sozomenos und auch bei diesem (λέγεται) nur als Gerücht, spätestens des Jahres 439, zurück. Die Nachricht ist von Montfaucon in der Einleitung (I, erste Seite) als sicher angenommen, aber nach zwanzig Jahren im XIII Bande in der umfassenden Biographie des Heiligen S. 91 bis 177 überhaupt nicht erwähnt worden. Tillemont a. a. O. N. 6 hatte Sozomenos' zweifelnden Bericht, dem auch ich einen Platz im Texte anwies, mit einem mildern Ausdrucke über den Raub (enlevé) wiedergegeben.

Basilius bemerkte nämlich neben Ausdrücken höchster Bewunderung des berühmten Redners von Antiochia, er selbst sei[1] mit Moses und Elias und anderen seligen Männern zusammen, ‚welche aus ihrer Barbarensprache‘ — er meint die hebräische — ‚uns ihre Gedanken mittheilen‘. Libanios aber erwiedert in einem Briefe von ebenso ausgesuchter Höflichkeit, Basilius möge sich den von ihm besprochenen Büchern, welche schlimm zu lesen, aber besser an Inhalt seien, nur hingeben, und daran hindere ihn Niemand. ‚Von unseren Büchern aber, welche auch früher die Deinigen waren, bleiben die Wurzeln und werden sie bleiben, so lange Du etwa existirst; keine Zeit dürfte sie jemals ausreissen, magst Du sie auch am wenigsten benetzen.‘[2] Trotz seiner Mässigung in der Zeit der Christenbedrängniss unter dem Kaiser Julianus und gelegentlicher, christlicher Lehre entnommener oder entsprechender Aeusserungen, bricht doch zuweilen bei ihm ein tiefer Groll gegen das Christenthum als eine mit hellenischer Anschauung unverträgliche Institution hervor.[3]

Zu Ammianus' Biographie.

Libanios' Beziehungen zu Ammianus Marcellinus dürften mit Rücksicht auf das Altersverhältniss ähnliche wie zu Basileios gewesen sein. Unser Geschichtschreiber bemerkt nämlich am Schlusse seines in den Neunzigerjahren des vierten Jahrhunderts abgeschlossenen Werkes, er wolle die Fortsetzung ‚an Alter und Kenntnissen Blühenden‘[4] überlassen; andererseits erzählt er in dem ersten der uns erhaltenen Bücher (XIV 9, 1), dass er im Jahre 353 in Nisibis dem dortigen Höchstcommandirenden zugetheilt war, und zwar mit Anderen (nos) auf kaiserlichen Befehl; aus dem folgenden Jahre erfahren wir dann (XV 5, 22), dass er demselben Feldherrn für eine geheime und gefährliche Mission nach Köln mit neun anderen Herren, tribunis et domesticis protectoribus, zugewiesen wurde; es ergibt sich aber seine Zugehörigkeit zu der letztern Classe der hochgestellten Leibgardisten aus dem Zusatze: unter diesen zehn sei auch er gewesen ‚mit dem Collegen Verennianus‘, welcher später (XVIII 8, 11) ausdrücklich als domesticus protector bezeichnet wird. Nun haben schon Claudius Chifflet und dann Heinrich Valois bemerkt, dass er ‚sehr jung‘ in diese aus erprobten, älteren Kriegsleuten,[6] wie wir sagen: Officieren, gebildete, zunächst zum besonderen Schutze der Kaiser bestimmte Truppe aufgenommen wurde, aus welcher nach Julianus' Tode dessen, nur neuerlich zu einem höheren Range in derselben avancirter, Nachfolger Jovianus hervorging. Ammian bemerkt selbst[7] zum Jahre 357, dass er zu den jüngeren Leuten dieser Garde gehörte, welche eben jenen

---

[1] Ἀλλ' ἡμεῖς μὲν, ὦ θαυμάσιε, Μωσεῖ καὶ Ἠλίᾳ καὶ τοῖς οὕτω μακαρίοις ἀνδράσιν σύνεσμεν ἐκ τῆς βαρβάρου (die Bedeutung hätte keine Zweifel erregen sollen!) φωνῆς διαλεγομένοις ἡμῖν τὰ ἑαυτῶν. Libanii sophistae epistolae Graece et Latine ed. Johannes Christophorus Wolfius. Amstelaedami 1738. Epistola 1184. p. 730. Die Echtheit dieses basilianischen Briefes gibt so Anfechtungen keinen Anlass.

[2] Βιβλίων μὲν οὖν ὧν τῆς γῆς εἶσαι μὲν χαίρω τὴν λῆψιν, ἀμείνω δὲ τὴν δύναμιν ἔχω καὶ οὐδεὶς κωλύει. Τῶν δὲ ἡμετέρων μὲν οἱ, σῶν δὲ πρότερον, αἱ ῥίζαι μένουσί τε καὶ μενοῦσιν, ἕως ἂν ᾖς, καὶ οὐδεὶς μήποτε αὐτὰς ἐκτίλαι χρόνος, οὐδ' ἂν ἥκιστα ἄρδοις. Ep. 1185, p 731.

[3] Sievers, Leben des Libanius. S. 14, 15, 121 bringt entsprechende Citate

[4] Scribant reliqua potiores, aetate doctrinaque florentes. Die Tacitus-Reminiscenz wurde oben S. 3, Anm. 2 notirt. Eutropius' vorletzter Satz — nam reliqua stilo majore dicenda sunt — dürfte Ammianus' Nachahmungstalent gereizt haben, wie denn aus Eutropius gar manche Leserfrucht gefallen sein dürfte; die über Jovianus' Tod wird im zweiten Paragraphen des vierten Kapitels erörtert. Gardthausen, Geographische Quellen S. 25, hat wohl zuerst Entlehnungen aus Eutropius bemerkt.

[5] admodum adolescens: Chifflet p. LXXXVII (Wagner I) und Valois' Vorrede zu Regim. Vgl. den Anhang.

[6] Provectis e consortio nostro ad regendos milites natu majoribus, adulescentes eum sequi jubemur. XVI 10, 21.

[7] Ammianus XXI 16, 20, XXV 5, 4. — Die Aufnahme unter die protectores domestici als besondere Belohnung verfügt Kaiser Julianus für den geborenen Levation (ed. Hertlein 1875) p. 502 L 31 und erbittet vor 394 Symmachus von Ricomer für einen Veteranen als ‚pretium longi laboris‘ (ed. Seeck 1883 M G. H. Auctorum antiquissimorum I, VI pars prior) p. 91.

Commandirenden wieder nach Asien zu begleiten hatten. Er war in die Reiterabtheilung[1] eingereiht, wie er denn oft genug seiner Actionen zu Pferde gedenkt und bei seinem Entrinnen aus dem von den Persern erstürmten Amida hervorhebt, dass er an lange Marsche zu Fusse nicht gewöhnt sei; er gedenkt dabei, wie zur Erklärung dieser Thatsache, seiner freien oder guten Herkunft.[2] Was den Kaiser Constantius bewog, dem jungen Antiochener eine so bevorzugte Stellung zu gewähren, ist unbekannt. Bei Johannes Chrysostomos, als dem Sohne des Truppencommandanten von Syrien,[3] würde eine kaiserliche Ernennung zu Gunsten des antiochenischen Jünglings nicht aufgefallen sein; welche Lebensstellung aber Ammianus Marcellinus' Vater einnahm, lässt sich nicht einmal vermuthen.

Seine Beziehungen zu Libanios erhellen zunächst aus jenem schon im Eingange dieses Kapitels erwähnten Briefe, welchen, wie ebenfalls dort bemerkt ist, Heinrich Valois im Jahre 1636 zuerst in seiner Edition unseres Geschichtschreibers publicirte; doch ist hier das letzte, für die persönlichen Beziehungen beider Antiochener wichtige Viertel des Briefes weggelassen, und erst im Jahre 1711 von Johann Christoph Wolf in dessen versuchsweiser kleiner Zusammenstellung von bemerkenswerthen Briefen des Rhetors[4] veröffentlicht worden. Geschrieben wurde derselbe im Jahre 390 oder 391, in welche Zeit das hier erwähnte Ableben von Libanios' einzigem Sohne fällt.[5]

Das Schreiben ist in achtungsvoll freundschaftlichem Tone mit einer Art herkömmlichen Rechtes der Ermahnung[6] gehalten, unter Voraussetzung voller Kunde der eigenen Familienverhältnisse[7] und des in dem Kreise der gemeinsamen Bekannten Vorkommenden.[8] Stark wird Ammianus' Verpflichtung als Bürger von Antiochia hervorgehoben: die ihm in Rom zu Theil werdende Ehrung gilt auch den Mitbürgern,[9] die er ziert.

Aus tiefer Betrübniss, so dass seine Thränen auf das Geschriebene fliessen, erhebt sich der Rhetor zur Beglückwünschung des Mitbürgers, welcher sich nach den mündlichen Berichten aus Rom Gekommener dort ein erhebliches literärisches Ansehen gewonnen hat. Hiebei erfährt man, dass Ammianus' Werk ,in Vieles getheilt war' — keineswegs blos in die uns vorliegenden Bücher oder gar die erst in der Neuzeit erfundenen Kapitel — und dass das

---

[1] Nach der ,notitia dignitatum' (ed. Otto Seeck 1876: Oriens XV, p. 39, Occidens XIII, p. 157 würde er unter den domestici equites rangiren.

[2] cum ... incredendi nimietate jam asperaret ut insuetus ingruuns XIX 8. 6. Chifflet p. LXXXV meint: solet autem Marcellinus ... ingenuos nobiles appellare; das wüsste ich nicht zu belegen, auch nicht die Worte in Heinrich Valois' erstem Satz: ... genitus fuit parentibus ut conjicere est nobilissimis; seine Aufnahme unter die Protectores in der Jugend soll das besonders beweisen: quo maxime argumento eius nobilitas deprehenditur.

[3] Kjus pater magister militum Syriae fuit nomine Secundus. Montfaucon in Johannes Chrysostomos' Lebensbeschreibung, opera XIII 91. Heinrich Valois bemerkt freilich im Beginne seiner Einleitung, um Ammianus' hohen Adel zu beweisen: ducum, comitum et magistrorum militarium filii in eam scholam (protectorum domesticorum) referebantur. Ammianus XIV 10, 2 erwähnt, dass Herculanus ,protector domesticus, Hermogenis ex magistro equitum filius' dem Kaiser Constantius die ersten Nachrichten über des Cäsar Gallus Missregierung im Oriente brachte.

[4] Libanii sophistae epistolarum adhuc non editarum centuria cum versione et notis J. C. Wolfii (Lipsiae 1711. 8.), p. 132 bis 137. In der oben S. 6, Anm. 1 genannten Gesammtausgabe der Briefe von 1738 hat Wolf diesen Brief unter Rückweis auf die frühere Edition als Nummer 983 auf Seite 460 f. wieder abdrucken lassen.

[5] Sievers a. a. O. 201.

[6] μὴ δὲ ταύτης τωσῦτα (historische Darstellungen) συνθείς καὶ ἀμείψων ἑκάστην εἰς εὐδόξιμος, μετὰ κέρδις θαυμαζόμενος.

[7] ὡς γὰρ δὴ μόνος ἐν ἡμῖν οὐ κακὸς ἐκ μητρὸς ἀγαθῆς, εἰ μὴ (nach Wolf: ἀλλὰ, was doch nur die Unfreiheit bestreiten soll) Διφόρας ... ἔσκεσαι.

[8] οἴτινες δὲ οἱ χρησταλαισάντες, παρ' ἑτέρων μάνθανε. — ζῶντες δὲ ἐν τοῖς καλοῖ (der Schmerz um den Tod des Sohnes), Καλλιόπης ἐκ μέσων ἀρεταῖς, ζηλῶτοι καὶ πόνοι ... καὶ χάρω τα τῶν ὑίων (Kalliopes' Kinder).

[9] ταυτί οὐ τὸν συγγραφέα κοσμεῖ μόνον, ἀλλὰ καὶ ἡμᾶς ὧν ἐστιν ὁ συγγραφεύς. — ταυτότον γὰρ πόλεις κόσμησιν κοσμεῖ τοῖς αὑτοῦ τὴν πόλιν τὴν ἑαυτοῦ.

Erschienene gelobt, ein weiteres Stück zur Publication gefordert wurde.' „Ich höre, dass Rom
selbst Dir Deine Arbeit kröne und das Urtheil über sie falle, Du habest über die Einen
gesiegt und seiest von den Anderen nicht überwunden worden." Solche, vorwiegend freilich
poetische, Vorträge sind bis in das ausgehende sechste Jahrhundert und manche auf dem
Forum Trajanum, meist zur Bewerbung um Preise, gehalten worden. Das Urtheil des Rhetors
ist im Vorigen wohl dahin zu verstehen, dass der vortragende Historiker über seine Fach-
genossen der neuern Zeit zu stellen sei und mit älteren sich ganz wohl vergleichen lasse,
wobei man vielleicht an sein Muster Tacitus zu denken hat, mit dessen Schriften wohl
gar Mancher von Ammian's Zuhörern bekannt gewesen sein dürfte, wie sich aus der reich-
lichen Benutzung bei dem jüngern Zeitgenossen Sulpicius Severus vermuthen lässt. Die
enthusiastische Lobpreisung Roms in den Eingangssätzen dieses Briefes: dass die Stadt ihres-
gleichen auf Erden nicht habe, vorher die Beglückwünschung Ammian's ob seines dortigen
Wohnens und- Roms, ihn zu besitzen[2] — das Alles mag noch als Höflichkeit hingehen.
Aber der folgende Satztheil lässt sich nur als ironischer Scherz verstehen, da die alte Bürgerschaft von Antiochia auf ihre angeblich rein hellenische Abkunft besonders stolz war: „Roma
hält Dich nicht für geringer als ihre eigenen Bürger, deren Vorfahren göttliche Wesen
waren'.[4]

   Unseres Geschichtschreibers Stellung wie Beschäftigung im Jahre 391 erhellt genügend
aus Libanios' Zuschrift, und sie lässt auch Beider persönliche Beziehungen leidlich erkennen.
Der Anfang ihrer Correspondenz scheint jedoch in das Jahr 359 zu gehören. Man wolle
bei dieser wie den nächstfolgenden Erwägungen in Betracht ziehen, dass Ammianus' militärische Verwendung nur in den Jahren 354—357,[5] so weit unsere Kenntniss reicht, auf
europäischem Boden statthatte, sonst aber nur in Syrien und den persischen Grenzgebieten,
so dass ein brieflicher Verkehr mit dem Rhetor in Antiochia keine besondere Schwierigkeit bot.

   Diesem ist eben im Jahre 359 sein Oheim Phasganios gestorben, der Bruder seiner
Mutter, welche ihm bald im Tode folgte. Der Oheim hinterliess dem gelehrten Neffen
seinen Grundbesitz ausser seinem Hause.[6] Da liegt nun eine Antwort an einen tröstenden
Markellinos vor, mit welchem auch sonst in der Correspondenz vorkommenden Namen
doch unser Geschichtschreiber in dem oben analysirten, unzweifelhaft an ihn gerichteten
Briefe bezeichnet wird. Der Inhalt von Libanios' Antwort lässt aber die Begründung der
Vermuthung zu, dass derselbe Adressat, also reichlich drei Jahrzehnte früher, gemeint ist.[7]

---

[1] Der Schluss lautet: ... εἴρηνται τι ἀφορμαὶ καὶ ὁπαρξῶν, ἓν ἐπὶ τὰ γραφόμενα ἐπὶ τὰ πλείω. Nach der Einleitung: νῶν δὲ ὡς
ἐστι λαούων τῶν λαϊῶν ἀρχιτερόμενων, οὕτως ἡμῖν ἐν ἐκδόξεσι, ταῖς μὲν γίγνεσι, ταῖς δὲ ἔση, τῆς συντρωφῆς εἰς πολλὰ τετρωμένης, καὶ
τοῦ μενόντος ἱκανώτατος μέρος ἕτερον εἰσαλούντας. Die schon im Jahre 1868 versuchte Beweisführung, dass gerade die Bücher
XIV bis XXV zwischen 389 und 391, die sechs letzten nach Theodosius I. Tode publicirt seien, halte ich nicht für zutreffend; das neuerlich besonders betonte Argument der Erwähnung von Aurelius Victor's römischer Stadtpräfectur zu
XXI 10, 6 fällt weg, wenn man erwägt, dass die Worte „multo post urbi praefectam' am Schlusse des Satzes seltsam nach
der Lobpreisung: „sobrietatis gratia aemulandam' angehängt, allem Anscheine nach später hinzugefügt sind.

[2] Ἀσσίου δὲ τὴν Ῥώμην αὐτήν στρφανοῦν ὅτι τὸν πόνον καὶ πλείω ψῆφον αὐτῇ, τῶν μὲν οἱ κεκρατημένοι, τῶν δὲ οὐχ ἡττηθέτοι.

[3] καὶ οἱ ζηλῶ τοῦ Ῥώμην ἔχειν, κατέστη τοῦ σε. σὺ μὲν γὰρ ἔχεις, ᾧ τῶν ἐν γῇ παραπλησίων οὐδέν, ...

[4] ... , ᾗ δὲ τὸν (fehlt bei Valesius und daher bei Gardthausen I, p. VIII) τῶν ἑαυτῆς πολιτῶν, οἷς πρόγονοι δαίμονες, οὐχ ὕστερον.
Es war eine unglückliche Verbesserung Joh. Christoph Wolf's, dass er dies in der grossen Ausgabe von 1738 auf Romulus
und Remus deutete; schon der Julier Abstammung von Venus hätte ihn über die Ahnen des Patriciates auf die richtige
Bahn bringen können.

[5] XIV 11, 5: copia rei vehicularise data Mediolanum itineribus properavimus magnis. — XVI 10, 21: (Ursicinus) in orientem
cum magisterii remittitur potestate ... eum sequi jubemur quicquid pro republica mandaverit impleturi.

[6] Sievers, Leben des Libanios, S. 80, Anm. 55 und S. 79.

[7] Epistola 141, p. 72. Joh. Chr. Wolf bemerkt: fortasse hic Ammianus Marcellinus est, ad quem et alia nostri extat epistola.
Gemeint ist eben die oben (S. 7) erwähnte Nummer 983, S. 460 f.

Er hatte Geschenke an den Rhetor gesendet, für welche dieser jetzt erst, allem Anscheine nach auf geschehene Mahnung, am Schlusse dankt: ‚wie hätten sie mir nicht Freude machen sollen, da sie von einem braven Manne und treuen Freunde kamen!‘[1] Das ist kühl genug und so auch der durchaus realistische, weichere Stimmungen ablehnende Anfang des Schreibens: ‚es ist doch ein hübscher Landbesitz, und ich übernehme ihn und weder Rednerforce soll ihn mir entreissen, noch Schriftenfälschung. Du freilich bist mir nicht weniger angenehm, weil Du des Oheims gedenkst, als weil Du entschlossen bist, mich zu lieben.‘[2] Wenn in dem Trostbriefe eine Andeutung über den geringen Werth des Landeigenthumes und über die Anfechtbarkeit des Testamentes gewesen sein sollte oder von Libanios vermuthet worden ist, so hat er seine Zurückweisung in eine höchst verletzende Verbindung mit Markellinos' Liebesworten für den verstorbenen Oheim und für ihn selbst gebracht. Noch fügt er den Gemeinplatz hinzu, er habe von dem Oheime die Anlage, auch Andere zur Liebe dessen zu überreden, welchen er lieb gewonnen habe.[3] Dann folgen ein paar Sätze, welche einer Ablehnung weiterer Beziehungen einigermassen gleichen: ‚trotz Nachsinnens habe ich eine Wohlthat nicht gefunden, die ich Dir erwiesen hätte; mit Deiner Behauptung, eine solche empfangen zu haben, hast Du vielmehr mir eine erwiesen, wirst mir auch andere erweisen; meinerseits werde ich mit Dir beten, da ich dies allein vermag,‘[4] d. h. sonst nichts für Dich thun will.

Wenn dieser Brief wirklich, wie doch scheint, an unsern Geschichtschreiber gerichtet ist, so lässt er weitere Correspondenz von Libanios' Seite kaum erwarten. Ein anderes Schreiben des Rhetors dürfte doch aber mit etwas mehr Sicherheit erkennen lassen, dass Ammianus sich Libanios' Achtung erworben hat, als er noch in activem Militärdienste im Oriente stand. Einer schriftlichen Ermahnung unbekannter Datirung an zwei frühere Schüler fügt der gelehrte Antiochener folgende Empfehlung bei: ‚Geld gering zu schätzen wird ausser dem, was ich selbst oft gesagt habe, Euch dieser Zuschrift Ueberbringer bereden, welcher nach seiner Erscheinung den Kriegern zugehört, nach seinem Thun den Philosophen, da er mitten im Gewinnen Sokrates nachgeahmt hat, der lobenswerthe Ammianos.'[5] Aus dem Geschichtswerke erhellt allerdings zur Genüge, dass der Verfasser keineswegs in Kriegszeiten auf Beute und Gewinn ausgieng, vor Allem aber seine Schuldigkeit thun und sein Wissen vermehren wollte. Auch erwähnt er zweimal Socrates neben, und gleichsam gleichgestellt mit Numa Pompilius; ein drittes Mal hebt er — ihn mit Solon verwechselnd — hervor, wie der zum Tode verurtheilte Sokrates am Tage vor der Vollstreckung des Urtheiles ein ihm noch unbekannt gewesenes Lied des Stesichoros von einem Kundigen zu hören verlangte, ,um etwas mehr wissend aus dem Leben zu scheiden'.[6] So lässt sich annehmen, dass Libanios' Empfehlung unserm Geschichtschreiber gilt.

---

[1] Τὰ ξένια πῶς οὐκ ἔμελλεν ἡδονήν οἴσειν ἀνδρός τι ὄντα χρηστοῦ καὶ βεβαίου φίλου!

[2] Καλῶς γε ὁ ἀγρὸς καὶ διαδέχομαι, καὶ τοῦτον οὔτε λόγων ὀτομβρίαται με δεινότης οὔτε μίμησις γραμμάτων. Σὺ δὲ οὐχ ἧττον μοι χαρίεις, τοῦ θείου μεμνημένος ἢ φιλεῖν με προαιρούμενος . . .

[3] . . . ἐπεὶ καὶ τοῦτο παρ' ἐκείνου μοι τὸ σπέρμα τοῦ δι' ὧν προσίεσαι καὶ τοὺς ἄλλους ἀναπείθοντας φιλεῖν.

[4] χάριν δὲ ἐγὼ μὲν ἐν Ῥώμῃ σοι λογιζόμενος οὐχ εὗρον, σὺ δὲ ἐμοὶ δοκεῖς τῷ φῆσαι ἔχειν, ἰοὐτως δὲ καὶ ἄλλας· ἐγὼ δὲ σοι συνεύξομαι· τοῦτο γὰρ ἢ ἐμοί δύναμις.

[5] Πείθειν δὲ ὑμᾶς χρημάτων καταφρονεῖν ὄντι τῶν ὑπ' ἐμοῦ πολλάκις εἰρημένων ὃ τὰ γράμματα φέρων, ὃς ἀπὸ μὲν σχήματος εἰς στρατιώτας, ἀπὸ δὲ τῶν ἔργων εἰς φιλοσόφους ἐγγέγραπται, τὸν Σωκράτην ἐν μέσοις μιμησάμενος κέρδεσιν ὁ καλὸς Ἀμμιανός. Epist. 284. p. 113 an Apollinianus und Gemellus mit Wolfs kühner Anmerkung: Est ille Ammianus Marcellinus, ad quem plures nostri exstant epistolae.

[6] ἵνα μαθὼν κάτω ἀπελθὼν lauten die angeblichen Worte Solon's bei H. Valesius zu der Stelle (Wagner III 245): XXVIII 4, 15. Die beiden anderen Sokrates-Erwähnungen: XVI 7, 4 und XXI 14, 5.

Ich bemerke, dass andere je an einen Markellinos oder Ammianus adressierte Briefe längst als an verschiedene Personen gerichtet sich erwiesen haben oder so gleichgiltigen Inhaltes sind, dass sich keine Handhabe bietet, sie als dem Geschichtschreiber bestimmt anzusehen.[1]

Drittes Kapitel.

Ammianus' religiöse Haltung.

§. 1. Stand der Frage.

Milder als Libanios steht er dem Christenthume gegenüber. Vollkommen zutreffend hat schon im Jahre 1802[2] C. G. Heyne sich über diese Frage geäussert. „Wie bei Anderen, so hat man auch bei Ammian wissbegierig untersucht, ob er nach seinem Bekenntnisse Christ war oder nicht. Es ist aber eine bei der Lectüre von Schriftstellern jener Zeit sich von selbst ergebende Thatsache, dass unter den Verständigeren die meisten weder die von den Vätern überkommenen Religionen weggeworfen, noch die neuen verurtheilt, sondern je nach ihrer geistigen Befähigung das zu Billigende gebilligt haben.' Heyne verweist dann darauf, wie in dem uns beschäftigenden Geschichtswerke des Kaisers Julianus aberglaubische Vorstellungen getadelt werden: XXII 12, 6 und 7 (doch auch XXIV 6, 17 und 8, 4); die unzähligen Thieropfer und gesuchten Prophezeiungen werden noch unter des Verstorbenen Fehlern (XXV 4, 17) aufgezählt. Andererseits werde an dem Bischofe Georg von Alexandrien (XXII 11, 5) gerügt, dass er bei dem Kaiser Constantius Viele denuncirte ‚seines Berufes uneingedenk, welcher nichts als Gerechtes und Mildes lehrt'. An diesem Kaiser selbst tadle er (XXI 16, 18), dass er die klare und einfache christliche Lehre mit weibischem Aberglauben vermengt habe.[3]

So richtig diese Bemerkungen sind, so ist doch mit ihnen das Verständniss für unseres Geschichtschreibers religiöse Haltung nicht gewonnen.

§. 2. Heidnische Ueberzeugungen.

Nun berührt sich wohl gerade des freilich christlich-arianischen Kaisers Constantius Ausdrucksweise gelegentlich mit Ammianus' religiösen Ueberzeugungen. So vernimmt man etwa von einer ewig waltenden' oder höchsten, auch wohl ewigen und himmlischen Gottheit, welche nach des Geschichtschreibers Worten billige Gerechtigkeit übt, aber auch ‚die vom Schicksale bestimmte Beute zusammenpressend' am 24. August 358 eine so herrliche Stadt wie Nikomedia durch ein Erdbeben zerstören konnte.[4] Der Glaube an diese Gottheit wird doch im Fortgange der Erzählung weniger betont.

[1] Sievers a. a. O. 271 f. 286. Epist. 1303. p. 608: Μαρκελλίνῳ, dessen besondere Freundschaft am Schlusse hervorgehoben wird, gilt der Beschützung eines Verkäufers von Wohlgerüchen; auch Wolf bemerkt doch dazu mit einem Citate aus Fabricius' Bibliotheca Latina III 129, er wisse nicht, ob Ammianus Marcellinus gemeint sei, da es mehrere des letztern Namens gebe.

[2] Vgl. den Anhang. Das im Texte Bemerkte findet sich in der Edition von Wagner und Erfurdt, t. I, p. CXXXV.

[3] Christianam religionem absolutam (i. e. planam cf. Wagner II 428) et simplicem anili superstitione confundens . . .

[4] Constantius spricht nach Bewältigung der Sarmaten XVII 13, 28: ut placuit numini sempiterno. Valentinians I Wahl erfolgt (13. Februar 364) numinis adspiratione caelestis. XXVI 1, 5.

[5] . . . sed vigilavit utrobique superni numinis aequitas XIV 11, 24. — Ein Signifer unter Julianus: modo adsit superum numen! XVI 12, 13 — numine summo fatales contorquente manubias. XVII 7, 3. — Kaiser Gratian besiegt die Lentienser

Viel mächtiger wirkt auf ihn die Vorstellung von Schicksal und Glück. Das ‚Schicksals-loos‘ hat den Caesar Gallus zur Hinrichtung geführt; der neue Caesar Julianus ist ‚durch des Schicksals drehende Ordnungsgewebe‘ Mitconsul von 356, Regenerator Gallicus und Sieger über die Germanen geworden; dann wollte der Kaiser Constantius durch Bestrafung unschuldig Denuncirter ‚die gleichsam vorgeschriebene Ordnung des Schicksals zerreissen;‘ bald zeigte sich, wie ‚das Glück die Leiterin menschlicher Geschicke‘ ist; der klägliche Tod von Gallus' beiden Anklägern bringt eine, hier neue, mit Inbrunst geschilderte ‚zu-weilen eintretende göttliche Kraft Adrastea oder Nemesis, welche schändliche Handlungen rächt, gute belohnt — möge es nur immer geschehen!‘‘

Wenn aber Adrastea unabhängig von Schicksal und Glück ihm zu wirken scheint, so scheut er sich auch nicht, diesen mächtigeren Gewalten bei gegebenem Anlasse Vorwürfe zu machen. Den schimpflichen, mit so vieler Landabtretung verbundenen Frieden mit den Persern, welchen der nach Julianus' Tode fast zufällig gewählte Kaiser Jovianus schliessen musste, nimmt er (XXV 9, 7) zum Anlasse für eine Ansprache. ‚An dieser Stelle wirst Du, Glückagöttin des römischen Weltreiches, mit Recht beschuldigt, da Du, während Stürme den Staat auseinanderwehten, dem erfahrenen Führer der Regierung die Steuerung entrissest und einem erst zur Vollendung reifenden jungen Manne darreichtest.‘ So lässt er auch (XXXI 8, 8) ‚Dich, Glückagöttin, als unmilde und blind‘ schelten, weil sie die Abführung freigeborener Wohlhabender durch die gothischen Krieger nicht verhindert hat. Da kommt immerhin sehr in Betracht, an wie manche von Glück und Schicksal unabhängige Gewalt noch ausser Adrasten er glaubt. Mit einigem Erstaunen liest man gerade bei diesem letzten uns erhaltenen heidnischen Historiker (XVIII 6, 3): ‚wir glauben — und es ist auch gar nicht zweifelhaft — dass auf luftigen Pfaden Fama rasch dahinfliegt;‘ so sei des erprobten Commandirenden Ursicinus Ersetzung durch einen Unfähigen rasch zu den Persern gelangt.

Selbstverständlich glaubt er an Vorzeichen, unter denen Missgeburten eine wichtige Schreckensstelle einnehmen. Auf Wahrsagungen aller Art hält er für kriegerische und politische Entschliessungen und Thatsachen. Die Schilderung der Einbrüche von Gothen und Hunnen in den Osten des Reiches, wie sie das letzte Buch veranschaulicht, wird (1, 1 bis 5) mit einer Fülle von Vorzeichen und Vorhersagungen eingeleitet. Daher findet er es auch ganz begreiflich, dass Kaiser Julianus die Todeswunde in einem Gefechte empfieng, welches er, trotz aller Vorstellungen etruskischer Haruspices und Warnungen der Tarquinischen Bücher ‚in dem Abschnitte über die göttlichen Dinge‘, vor unmittelbarem Weitermarsche und Kampfe aufgenommen hatte (XXV 2, 7): ‚der Kaiser hatte einen Wider-willen gegen die ganze Wissenschaft der Wahrsagung.‘ Doch hatte gerade er drei Jahre früher (XXI 1, 6) ‚durch Schlussfolgerung aus vielen Vorherkündungen der Weissagung, die er verstand, und aus Träumen‘, des Kaisers Constantius ‚baldiges Scheiden aus dem Leben‘[3] erkannt. Ammianus selbst vertheidigt den von ihm so verehrten Julianus hierauf gegen den Vorwurf ‚Uebelwollender, zur Erkenntniss der Zukunft schlechte Künste' angewendet zu haben. Das gibt dann Gelegenheit, eine Art Bekenntniss über seine eigene Auffassung von überirdischen Dingen abzulegen, wobei nach ‚alten Theologen' Themis und Jupiter ihre Stelle finden, auch die aus der Gottheit Güte (benignitas numinis) gewährten Auspicien des Vogelfluges und die Prophezeiung aus Eingeweiden gläubig erklärt werden.

Dieselbe Theologie hat ihn gelehrt, dass, trotz der Unerschütterlichkeit des Schicksales, jedem Menschen zur Leitung bei seiner Geburt göttliche Kräfte, vertraute Genien beigegeben werden, wie das Orakel und Autoren bestätigen.[1] So kann er auch nur billigen, dass der neugewählte Kaiser Valentinianus I. sich am Tage nach seiner Ankunft, als dem Schalttage des Februar, nicht sehen noch huldigen liess ‚wegen Vorhersagungen, wie zu verstehen gegeben wurde, oder anhaltender Trümme;' ‚er hatte in Erwägung gezogen, dass „der Schalttag" dem römischen Staate mehrmals Unheil bringend gewesen sei.[2]

Bei dieser Fülle von heidnischen religiösen Vorstellungen unseres Autors ist doch bemerkenswerth, dass der alte griechisch-römische Götterkreis gar selten berührt wird; er hat wohl für viele Gleichgesinnte dieser Zeit seine actuelle Kraft verloren.

§. 3. Sittenreinheit.

Es gehört aber zu des Geschichtschreibers religiösen Auffassungen auch eine ernste und starke Abneigung gegen Unsittlichkeit. Eine solche Einwirkung christlicher Lehre auch auf sein eigenes Gemüth gesteht er einmal andeutend zu.

Die Gelegenheit bot sich, als er seinem Unwillen über das Privatleben seines neuen Commandeurs, Ursicinus' Nachfolgers Sabinianus (XVIII 7, 7), ausführlich Worte lieh. Seinem ‚weichlichen Vorleben in schlaffem Handeln' ohnehin entsprechend, hat dieser Feldherr ‚über den gleichsam zu stetem Frieden mit den Todten gebauten Gräbern von Edessa in tiefer Stille sich ergötzt an Bewegungen von Pantomimenspielern bei dem Klange von Weisen eines militärischen Kriegstanzes. Das Unternehmen und der Ort sind gleich übler Bedeutung, da wir unter dem Fortschritte des Jahrhunderts lernen, dass jeder ehrenhafte Mann in Handlung und Wort Unreines dieser und ähnlicher Art meiden muss.[3] Hiemit stimmt die eine und andere Aeusserung des Geschichtschreibers. Lebhaft rühmt er (XXVIII 1, 8; 4, 1 f.) die Milde und Gerechtigkeit des römischen Stadtpräfecten von 368: Olybrius; ‚aber dies alles verdunkelte ein Laster, das zwar (dem Staate) wenig schadete, aber einen Flecken bei einem hohen Richter bildete, dass er fast sein ganzes zu Geilheit neigendes Privatleben bei scenischen Aufführungen und Liebesaffairen weder verbotener noch blutschauderischer Art hinbrachte." Es gehört doch in diesen Zusammenhang, dass Ammianus kurz vorher (XXVIII 1, 28) mit Genugthuung berichtet, wie ein Henker lebendig verbrannt wurde, weil er bei der Hinrichtung zweier vornehmer Frauen den Anstand ver-

---

[1] Ferunt enim theologi, in lucem editis hominibus cunctis, salva firmitate fatali, hujusmodi quaedam velut actus rectura numina sociari ... Idque et oracula et auctores docuere praeclari ... — ... familiares genii, quorum adminiculis freti praecipuis Pythagoras enituisse dicitur et cet. XXI 14, 3 bis 6.

[2] ... praesagiis, ut opinari dabatur, vel somniorum assiduitate nec videri die secundo nec prodire in melium voluit, bis sextum vitans mensis Februarii tunc illucescere, quod aliquotiens rei Romanae fuisse dignoscit infaustum. XXVI 1, 7.

[3] ... cum haec et hujusmodi facta dictaque tristia vitare optimum quemque debere saeculi progressione dinoscimus.

[4] ... quod clariorem vitam paene omnem vergentem in luxum per argumenta scaenica amoresque peregerat nec vetitos nec incestos. XXVIII 4, 2.

letzte. So hebt er früher ausdrücklich in treffenden Worten hervor, wie bei den Persern ,unter Wollust verschiedener Art die verstreute Herzensempfindung erstarrt'.¹ Auch von den Kaisern seiner Zeit beansprucht er sittenreine Haltung. Von seinem früheren Kameraden, dem Kaiser Jovianus, bemerkt er: ,gefrässig war er doch und gab sich dem Weine und der Venus hin, Laster, die er vielleicht unter der Scheu der kaiserlichen Würde beseitigt haben würde.''

Da ist nun die Haltung des von ihm als Krieger und frommer Hersteller der Leiduischen Kulte² so hoch geschätzten Kaisers Julianus unserm Autor besonders rühmlich in Sittenreinheit erschienen; der habe sich nach dem Tode seiner Gemahlin solchen Sinnengenusses gänzlich enthalten und hiemit einem warnenden Worte entsprochen, welches nach Platon's, doch ungenau wiedergegebenem, Berichte der greise Sophokles zum Bescheide gab:⁴ er sei so einem wüthenden und grausamen Gebieter enthohen (XXV 4, 2); nicht einmal bis zum Bedürfnisse der Natur (l. l. §. 5) habe er weichen Neigungen nachgegeben; auch nicht bei seinem Aufenthalte in Antiochien sei er von den in ganz Syrien verbreiteten Verlockungen (XXII 10, 1) hingerissen worden. Wie im Gegensatze hiezu erwähnt er (XXVIII 4, 3), dass sein allmählich zu den höchsten Würden aufgestiegener antiochenischer Landsmann Ampelius doch auch nach Ueppigkeiten begierig war; Ammianus benutzt gerade das Amtsjahr 369 von Ampelius' römischer Stadtpräfectur, um eine abschreckend deutliche Schilderung des Benehmens reicher Römer geringer Herkunft in den grossen Baderäumen zu liefern (l. l. §. 9).

§. 4. Verhalten zum Christenthume.

Tritt uns in dem Geschichtschreiber der überzeugte, sittenreine Gläubige griechischrömischer Anschauungen von göttlichen Gewalten entgegen, so ist die zurückhaltende und massvolle Ausbildung seiner religiösen Meinungen zu freundlichem Auskommen mit dem sich eben zur Reichsreligion entfaltenden Christenthume vorzüglich geeignet und bewährt.

a) Urtheile über den christlichen Glauben.

Eine Art Vorschilderung seiner das Christenthum als solches betreffenden Aeusserungen haben schon die beiden früher (S. 10) bemerkten Citate Heyne's gewährt. Es sind aber bei Erwägung seiner Beziehungen mit dem während der Abfassung seines Werkes zu bleibendem Siege gelangenden neuen Glauben mehrere Gesichtspunkte zu scheiden.

Er will keinen Zweifel lassen, dass ihm die christliche Lehre klar, einfach und gerecht erscheint, wie schon in jenen beiden Citaten erkennbar ist. Dem entspricht auch, dass er in der Charakteristik des Kaisers Jovianus ganz unbefangen bemerkt:⁵ ,er war den Vorschriften des Christenthums ergeben und ihm zuweilen zur Ehre gereichend, mässig unterrichtet und mehr wohlwollend.' Daher beklagt er auch ernstlich Julianus' ,unmilde' Verfügung, welche Christen vom Studium der Rhetorik und Grammatik ausschloss; man müsse das ,mit

¹ ... per libidinem varias caritas diripere torpescit. XXIII 6, 76.
² ... edax tamen et vino Venerique indulgens, quae vitia imperiali verecundia forsitan correxisset XXV 10, 15.
³ ... a rudimentis pueritiae primis inclinatior erat erga numinum cultum paulatimque adulescens desiderio rei flagrabat. — ... pectoris patefecit arcana et planis absolutisque decretis aperiri templa arisque hostia admovere et reparari Deorum statuit cultum XXII 5, 1 und 2.
⁴ ... Βαυδίατον τὸ τοῦ Σοφοκλέος ῥήτα, ἀστενῶν ποτε πολλῶν καὶ μανομένων ἐκπλήγθαι. De republica 1, p. 329⁴.
⁵ Christianae legis idem studiosus et nonnumquam honorificus, mediocriter eruditus magisque benevolus. XXV 10, 15.

ewigem Schweigen bedecken."[1] Mit Abscheu schildert er die im Jahre 362 in Egypten stattgehabten blutigen Christenverfolgungen durch den Pöbel, welche Julianus, von seiner Umgebung gedrängt, nicht mit Hinrichtungen, sondern nur mit Androhungen im Wiederholungsfalle strafte. Wie er zu berichten hat (XXII 11, 10), dass die Asche der gemordeten und am Ufer verbrannten Christen ins Meer geworfen wurde, dass nicht über ihren sterblichen Resten Heiligthümer errichtet werden, da fügt er Folgendes hinzu: ‚Solches sei den Uebrigen geschehen, welche, von ihrer religiösen Ueberzeugung gedrängt, grässliche Strafen ertrugen, in unverletzter Treue bis zu rühmlichem Tode gelangten und jetzt Märtyrer genannt werden.'

Es dürfte doch etwas Anderes mit diesen gräulichen Begebenheiten zusammenhängen, oder besser: mit der peinlichen Erinnerung an dieselben. Es geschieht unerwartet genug, dass er bei der Erwähnung eines an den Kaiser Julianus von dem Statthalter Egyptens über die Auffindung eines Apis in eben diesem Jahre 362 gelangten Berichtes die Geschichte dieses, Ammianus sonst so theuren Herrschers abbricht und einen langen Excurs über egyptische Dinge einfügt: XXII 13. 6 bis 16, 24. Es ist das um so seltsamer, als er, wie früher (S. 3, Anm. 4) bemerkt wurde, ausdrücklich (15. 1) in Erinnerung bringt, dass er schon in den Geschichten der Kaiser Hadrian und Septimius Severus sich eingehend über Egypten geäussert habe. Dass es sich doch nicht um eine Wiederholung, sondern um eine Ergänzung des Früheren handelt, dürfte sich aus der Thatsache schliessen lassen, dass er in einem freilich nicht ganz erhaltenen Satze (XXII 15, 30) eine auf die Einführung der hieratischen Buchstaben bezügliche, vermuthlich priesterliche Nachricht bringt, durch welche er vervollständigt, was er bei Gelegenheit des Berichtes von der Aufrichtung eines Obelisken in Rom unter dem Kaiser Constantius über die Hieroglyphen früher (XVII 4, 8 bis 11) dargelegt hatte. Gegen den Schluss dieser neuen egyptischen Digression behandelt er die Wirkungen egyptischer Weisheit. ‚Auf die verschiedenen Ursprünge der Religionen lange vor Anderen kamen hier, wie man sagt, die Menschen, und sie schützen die ersten Anfänge von Heiligem durch Bergung in heiligen Schriften."[2] Mit solcher Weisheit ausgestattet sei Pythagoras zu seinem unbedingten Ansehen, seiner veränderten Körpergestalt und der Kunde der Adlersprache gekommen,[3] habe Anaxagoras Steinregen und Erdbeben vorhersagen können, und ‚Solon hat an den Aussprüchen der egyptischen Priester eine Hilfe für seine maassvolle Gesetzgebung gefunden, welche auch dem römischen Rechte die grösste Stütze beigefügt hat'.[4]

Nach der Besprechung dieser drei Vorgänger glaubt der Geschichtschreiber auch die richtige Erklärung für Christi Wirksamkeit liefern zu können. Dieser Zusammenhang ist uns aber erst durch des verewigten Alfred von Gutschmid Scharfsinn erschlossen worden.

---

[1] Illud autem erat inclemens, obruendum perenni silentio, quod arcebat docere magistros rhetoricos et grammaticos ritus christiani cultores. XXII 10, 7.

[2] Hic primum homines longe ante alios ad varia religionum incunabula, ut dicitur, pervenerunt et initia prima sacrorum caute tuentur condita scriptis arcanis. XXII 16, 21.

[3] Die Zusammenstellung Lindenbrog's von den sonstigen Nachrichten über diese pythagorischen Wunder ist bei Wagner II 519 wieder abgedruckt. Von den hier genannten, für Ammianus' Benützung denkbaren Schriftstellern dürfte Jamblichos der wahrscheinlichste sein, schon weil sein Neuplatonismus unsern Autor zusagen musste.

[4] Et Solon sententiis adjutus Aegypti sacerdotum, latis justo moderamine legibus, Romano quoque juri maximum addidit firmamentum. XXII 16, 22. Cicero de legibus II 23 und 25 weist doch nur eine beschränkte Einwirkung nach. Sonst bringen neben diesem Citate, doch nur von c. 25, Lindenbrog und Heinrich Valois für diesen Satz Ammian's wie für den vorhergehenden über Anaxagoras noch heute brauchbare Nachweisungen: Wagner II 519.

Nun hat der betreffende Satz folgenden Wortlaut:[1] ‚Diesen Quellen entsprechend hat Jesus in den Höhen schreitend, durch die Herrlichkeit seiner Reden Jupiter vergleichbar, ohne Egypten gesehen zu haben, seinen Dienst mit ruhmvoller Weisheit verrichtet.‘ Welches Muster Ammian in diesem bewunderuden Satze fremdartiger Haltung vorgelegen haben dürfte, vermag ich nicht zu sagen. Das Schreiten in den lichten Höhen erinnert fast an das vierte Evangelium, etwa an die Worte Christi: ‚ich bin das Licht der Welt; wer mir folgt, wird nicht in der Dunkelheit schreiten, sondern das Licht des Lebens haben.‘[2]

b) Urtheile über Parteiungen und Schwächen der Christen.

Ueber unsres Historiographen milde und duldsame, ja hochachtungsvolle Auffassung der christlichen Religion kann nach den eben erörterten Aeusserungen kein Zweifel bestehen. Anders verhält es sich mit seinem Urtheile über christliche Geistlichkeit und das christliche Gemeindeleben, vornehmlich in Rom.

Exurs über das Verfahren gegen Liberius und Athanasius.

Von der Rüge, welche er den fanatischen Verfehlungen des arianischen Bischofs Georg von Alexandria zu Theil werden lässt, ist früher die Rede gewesen. Aber auch dessen hochgefeierter katholischer Gegner Athanasius, einer der wirksamsten Mitgestalter der abendländischen Kirche, entgeht nicht Ammianus' heftigen Vorwürfen. Er erhebt dieselben in Wiedergabe oder doch auf Grund der ihm vorliegenden Beschlüsse einer Synode arianischer Bischöfe in Alexandria. Ammianus hätte sich in Rom von der Nichtigkeit dieser Klagepunkte mehr als fünfunddreissig Jahre nach 355 — denn diesem Jahre gilt die Anklage — während der Ausarbeitung und vor der Publication seines Werkes leicht genug überzeugen können. Nun aber liest man mit Verwunderung die angeblichen Vergehungen des glaubenseifrigen Seelsorgers: heidnische Schicksalslosung und Beschäftigung mit Zukunftskunde ‚aus gründlichstem Verständnisse derselben wie der Prophezeiungen der Auguralvögel‘, und dann folgt noch eine Andeutung über Vergehungen, welche seinem bischöflichen Amte zuwiderliefen.[3] Diese Anklagen leitet der Geschichtschreiber mit einem ‚man sagte nämlich‘ ein. Sie müssen ihm entscheidend für die Beschlüsse erschienen sein, welche die — übrigens arianische — Synode von Alexandria zur Begründung von Athanasius' unmittelbar vorher erwähnter Enthebung vom bischöflichen ‚Dienste‘ fasste: ihrerseits wird aber die Berufung der Synode begründet durch beständige Gerüchte von zweierlei Art: ‚Athanasius habe sich zu hoch über seinen Beruf hinaus erhoben und Fremdartiges zu erforschen gesucht.‘[4] Dass dem Erzbischofe der Kaiser ‚stets feindlich gesinnt‘ war, wird (§. 10) als ein weiteres Moment später nur eben berührt.

---

[1] Ex his Jesus (illud war als Dittographia vom Schreiber angelassen) fontibus per sublimia gradiens, sermonum amplitudine Jovis aemulus cum vim Aegypto militavit sapientia gloriosa. Ich denke, dass militavit ernstlich die Aufgabe ganz adäquat fasst. Die sublimia fasse ich als die lichten Höhen auf.

[2] ‚Ἐγώ εἰμι τὸ φῶς τοῦ κόσμου · ὁ ἀκολουθῶν ἐμοὶ οὐ μὴ περιπατήσῃ ἐν τῇ σκοτίᾳ, ἀλλ' ἕξει τὸ φῶς τῆς ζωῆς.‘ Evang. Johannis 8, 12.

[3] Dicebatur enim fatidicarum sortium fidem, quaere auguralee portenderent alites scientissime callens, aliquotiens praedixisse futura; super his intendebantur ei alia quoque a proposito legis abhorrentia cui praesidebat. XV 7, 8. Plausible und für uns doch nicht zureichende Erklärung der Weissagungsvögel glaubte Heinrich Valois bei Sozomenos IV 9 und gar Nikephoros IX 35 gefunden zu haben. Vgl. Wagner II 145.

[4] Athanasium episcopum eo tempore apud Alexandriam ultra professionem altius se efferentem scitarique conatum externa, ut prodidere rumores assidui, coetus in unum quaesitus eiusdem loci multorum — synodus ut appellant — removit a sacramento quod optinebat. L. l. 7.

Ammianus hat eine nicht unschickliche Scheu, ein Stück innerer christlicher Kirchengeschichte ausführlich zu behandeln, abgesehen davon, dass er den autoritativen Namen von Synoden für die Zusammenkünfte von Priestern des neuen Glaubens möglichst meidet. So deutet er auch nur die für das Verständniss der ganzen Angelegenheit sehr wichtige Thatsache an, dass noch eine andere Synode gehalten wurde, und zwar in dem von ihm eben zu behandelnden Jahre 355, und dass deren Beschlüsse den Anlass zu dem Conflicte des Kaisers mit dem Papste gaben. Von anderen in Athanasius' Streit gehaltenen Synoden schweigt er gänzlich; die von ihm mit den schwer verständlichen Worten ‚Beschlüsse seiner meisten Amtsgenossen‘ gemeinte ist die zweite in der damaligen kaiserlichen Residenz Mailand gehaltene. Bei der einhelligen, zum Arianismus neigenden Erklärung dieser bischöflichen Versammlung für Athanasius' Absetzung und Exil wurde ausser dem unbeugsam katholischen, greisen Bischofe Hosius von Cordova besonders der Papst Liberius vermisst.

Zur Kennzeichnung der Situation bemerkt unser Geschichtschreiber zutreffend, dass der Kaiser wusste, die Angelegenheit sei mit der Synodalverfügung ‚abgeschlossen‘; dennoch versuchte er mit heftigem Verlangen, dieselbe auch durch das höhere Ansehen des Bischofes der ewigen Stadt zu stärken‘, ‚durch Unterschrift‘ jener Verfügung ‚ihn der Priesterstelle zu entsetzen‘.[1]

Dies Alles stimmt mit den in den Kirchenhistorien überlieferten Nachrichten. Es ist aber ein Irrthum in Bezug auf die Zeit, wenn er vor Entwicklung des Motives für des Kaisers Wunsch, auch des Papstes Unterschrift auf die synodalen Urkunde der Verurtheilung zu sehen, bemerkt (§. 9), Liberius habe ‚die gleiche Meinung gehabt wie die Uebrigen‘. Athanasius selbst, in dem ‚an die Mönche‘ in Form eines Briefes gerichteten Werke, hat Zeugniss abgelegt, dass der Papst Liberius mit rückhaltloser Zustimmung sich für ihn und seine Schuldlosigkeit erklärte. Es geschieht in Form einer Anrede des Papstes an den kaiserlichen Gesandten, den Eunuchen Eusebius, welcher das Verlangen der Unterzeichnung der Synodalbeschlüsse überbrachte.[2] Den Inhalt der Rede möchte ich keineswegs für authentisch erklären, wenn auch das Wesentliche auf guter Ueberlieferung beruhen mag. Dennoch kann man Ammianus' Ansicht nicht ganz verwerfen; denn Liberius hat im dritten Jahre nach jener Weigerung, also 358, um aus seinem thrakischen Exile wieder nach Rom zurückkehren zu können, auf der damaligen Synode in Sirmium eine des Kaisers Verlangen einigermassen entsprechende Erklärung unterzeichnet.[3] Deshalb wurde auf einer römischen Synode von 366/7, unter seinem Nachfolger, Liberius verurtheilt.[4]

[1] Id enim ille (Constantius) Athanasio semper infestus licet sciret impletum, tamen auctoritate quoque potiore aeternae urbis episcopi firmari desiderio nitebatur ardenti. l. l. §. 10 Hunc per subscriptionem abicere sede sacerdotali paria sentiens ceteris ... l. l. §. 9.

[2] Sancti Athanasii archiepiscopi ... opera ... ed. ... Benedict. e congregatione S. Mauri. Paris 1698. I, 1 historia Arianorum (ein nicht zutreffender Titel!) ad monachos. Liberius' Verfahren wird von Kapitel 35, p. 364 E: καὶ γὰρ οἶδε Λιβέριον τοῦ Ἰωτόμιον Ῥώμης bis Kap. 39, p. 367 B behandelt: Πᾶσαι καὶ Λιβέρῳ πρὸς Ἰωνᾶν Die Anrede an Eusebius in Kap. 36, p. 365 mit dem wichtigen Satze: οὐ γὰρ οἶόν τε γενέσθαι συναφθῆναί τοις περὶ πίστιν ἐκβαίνοντας und das sind eben alle Theilnehmer der Mailänder Synode.

[3] Liberius damnatur. An der Synode nahmen 28 Bischöfe und 25 Presbyter Theil. Jaffé, Regesta pontificum ed. II, p. 37, hierin unverändert wie p. 18 der ersten Auflage.

[4] Sozomenus (vgl. oben S. 5, Anm. 4) allein bringt IV, c. 15, p. 149 und 150 die entscheidenden, authentischen Nachrichten. Kaiser Constantius berief den Papst zu sich nach Sirmium und ἐβιάζετο αὐτὸν ὁμολογεῖν, μὴ ἄνα τῷ κατρὶ τὸν υἱὸν ὁμοούσιον. Auf Liberius' Weigerung verfassten einige hier genannte Bischöfe eine neue Formel, in der nur scheinbar die Homousie des Sohnes ausgesprochen war: ὡς ἐπὶ προφανὲς τοῦ ὁμοουσίου ἐκχηρύσσειν τοῖν ἰδίων τοιοῦτοι αἴρεσιν — also eine Art Privathäresie — und bestimmten Liberius mit vier anderen Bischöfen, dieser Formel zuzustimmen. Valesius bemerkt hiezu (l. l. p. 150, a. 3), diese Sirmische Synode sei die vierte, nicht, wie Baronius irrig meinte, die dritte. Es ist daher überhaupt nicht richtig in der zweiten Auflage von Jaffé's Regesta pontificum Romanorum (Berolini 1885), p. 34 von Liberius bemerkt:

Sieht man nach diesen Erwägungen Anordnung und Zusammenhang der Begebenheiten bei Ammianus näher an, so erscheinen beim ersten Anblicke die fünf Sätze (XV 7, 6—10), in welchen der Gegenstand behandelt wird, nicht verständig auf einander folgend. In der That aber sind sie in ganz correcter Folge und deutlich nach ihrem Inhalte geschrieben, wenn man in Betracht zieht, dass unser Schriftsteller den kirchlichen Controversen, sowohl aus der früher erwähnten Sehen, als nach seiner heidnischen Auffassung, völlig gleichgiltig gegenübersteht, ein um so grösseres Interesse aber für des Kaisers Autorität an den Tag legt. Es gehört eben zu seiner noch zu besprechenden religiösen Ueberzeugung, dass Niemand die Pflicht unbedingten Gehorsams gegen einen kaiserlichen Befehl ausser Acht lassen dürfe, der Ungehorsame aber schwerer Strafe unterzogen werden müsse.

Der Strafbefehl des Kaisers gegen den widerspenstigen Papst bildet den Anfang, des Papstes Abführung aus Rom den Schluss der Darstellung; beide Male wird die Begründung der Strafe dem Leser verdeutlicht. Es geschieht zuerst (§. 6) mit den Worten: ‚Ueber Liberius, Vorstand der christlichen Ordnung, wurde von Constantius verfügt, dass er an den Hof gesendet werde als einer, welcher den kaiserlichen Befehlen und den Beschlüssen seiner meisten Amtsgenossen in einer Sache widerstrebte, welche ich in kurzem Zusammenhange rasch vortragen werde.' Das, was ihm in der kirchlichen Controverse wichtig zum Verständnisse von Constantius' Verfahren erschien, behandelte er in zwei Sätzen. Dann folgt (§. 9) die auf Befehl des Regenten geschehende Ermahnung — der Eunuch Eusebius wird nicht genannt — Liberius solle den Absetzungsbeschluss unterzeichnen; ‚hartnäckig widerstrebte er, unverhohlen war er widerspenstig gegen die Entscheidung des Kaisers'. Dreimal wird der Ungehorsam hervorgehoben,' welcher das für Ammianus entscheidende Moment bildet.

Doch hat er sich für verpflichtet gehalten, das juristische, in altrömischer Gesetzgebung begründete und damals noch als vollgiltig geachtete Argument mitzutheilen, welches der Papst wiederholt und laut geltend machte: ‚es sei das äusserste Unrecht, einen Menschen zu verurtheilen, den man weder gesehen noch gehört habe'.' Dasselbe Argument bringt aber auch der ungewöhnlich streitfertige, selbst dem Kaiser gegenüber völlig rücksichtslose, streng katholische Bischof Lucifer von Cagliari im Eingange seiner beiden, direct an Constantius gerichteten, je an Citate aus dem alten und neuen Testamente anknüpfenden, Bücher zu Athanasius' Vertheidigung. Da liest man: ‚wirst Du, als von Gott gewollt, versichern können, es sei erlaubt, dass ein Abwesender ungehört und, was die Hauptsache ist, unschuldig verurtheilt werde?'

Ad synodum vocatus formulam Sirmiensem (tertiam) subscribit. — Hieronymus schrieb erzürnt (Eusebi chronicorum libri duo ed. Alfred Schoene, t. 1, 1866), p. 194: Liberius taedio victus exilii et in heretica pravitate subscribens Romam quasi victor intraverat. — In einem aus dem Exile an den Bischof Lucifer von Cagliari geschriebenen Briefe dieses Papstes liest man doch die Klage: vires corporis ipsius extenuatas sunt. Luciferi Calaritani opuscula ed. Hartel 321 (Corpus scriptorum ecclesiasticorum Latinorum, Vol. XIV, Vindobonae 1886). — Der Liber pontificalis ed. Duchesne I (1886) 20 und Introduction p. CXX bietet für Liberius nichts Brauchbares.

[1] ... imperatoriis jussis obsistens; jubente principe perseveranter renitabatur; aperte scilicet recalcitrans imperatoris arbitria.

[2] ... nec visum hominem nec auditum damnare nefas ultimum saepe exclamans. XV 7, 9. Lindenbrog (bei Wagner II 145) bringt einige brauchbare Belegstellen, hält auch die hier angeführten Worte Ammian's aus Liberius' Begründung seiner Weigerung für identisch mit den angeblich von diesem Papste dem Kaiser gegenüber gebrauchten bei ‚Theodoret', histor. lib. 2, cap. 16': οὐδὲ γὰρ ὅσιόν τι καταψηφίσασθαι ἀνδρὸς ὃν οὐκ ἐθεάσαμην.

[3] Cogis nos, Constanti, absentem damnare consacerdotem, nostrum religiosum Athanasium. — ... An divinitas pateris adversr. permissum absentem inauditum et, quod est maximum, innocentem damnari? Luciferi opuscula 66.

Wie Ammian's Interesse für eine solche Situation geartet ist, verdeutlicht wohl ein anderer Fall. Unser Autor selbst macht später aufmerksam, welch' unwürdige Anstrengungen der Kaiser Constantius machte, um seiner arianischen Confession auf Synoden zum Siege gegen die katholische Auffassung zu verhelfen. Es wurden schon im Eingange dieses Kapitels die von Heyne hervorgehobenen anerkennenden Worte über die damalige Gestaltung des Christenthums berührt. Gerade auf diese Worte folgen aber einige Satzstücke zur Begründung der behaupteten üblen Einwirkung des Kaisers Constantius auf jene Gestaltung. Er habe seine abergläubische Religionsforschung mehr verwirrend als mit ernster Absicht zur Beruhigung geführt, zahlreiche Entzweiungen erregt, deren Entwickelung er in mündlichen Disputationen weiter nährte.[1] Die Folge sei gewesen, dass er dem Postwesen die Lebenskraft durchschnitt;[2] denn „Haufen von Vorständen', d. h. Bischöfen, „rannten hin und her mit dem Staate gehörigen Pferden zu den Synoden, wie sie es nennen, da sie allen Gottesdienst nach ihrem Gutfinden einzurichten versuchen'.[3] Wie man sieht, ist bei Ammianus Interesse an dem Treiben der arianischen Geistlichkeit kaum vorhanden, um so mehr an der ihm thöricht erscheinenden Unterbrechung der militärisch und politisch so wichtigen Communicationen der Reichspost. In ähnlicher Weise beschäftigt ihn bei Liberius' Falle eigentlich nur das allgemeine Reichsinteresse an der Erhaltung der kaiserlichen Autorität.

Ein Hemmniss für die ihm nothwendig scheinende Bestrafung des Bischofes der ewigen Stadt lag in der auch sonst bezeugten Liebe, welche Liberius dort entgegengebracht wurde.[4] Deshalb „konnte er kaum, aus Furcht vor dem Volke, mit grosser Mühe mitten in der Nacht weggeführt werden'.

Die Erwählung des Papstes Damasus I.

Die Verwaltung des römischen Stadtpräfecten von 367 n. Chr. wurde gestört durch Fortdauer einer im September[5] des vorangegangenen Jahres ausgebrochenen Fehde zwischen den Anhängern zweier nach der päpstlichen Würde strebenden Geistlichen. Der Geschichtschreiber konnte die Angelegenheit schlechterdings nicht unerwähnt lassen. Als er sein Werk etwa um 395 n. Chr. publicirte, war doch das Christenthum zu einer so siegreichen Macht geworden, dass eine Entschuldigung wegen des Eingehens auf die, so arge Ausschreitungen hervorrufenden Fehler der römischen Geistlichkeit gerathen war: ‚es wird genügen, dass wir bis hieher unsre Bahn verlassen haben, jetzt wollen wir zum Zusammenhange der Begebenheiten zurückkehren'.[6] Zwei oder drei rein politische Momente — wie wir

---

[1] ... in qua scrutanda perplexius quam componenda gracius excitavit dissidia plurima, quae progressa fusius aluit concertatione verborum. XXI 16, 18. Gibbon, Kapitel 21, S. 479 hat die Wichtigkeit der in dem ganzen Satze enthaltenen Mittheilungen hervorgehoben und eine zwar freie, aber anmuthige und wesentlich zutreffende Uebersetzung geliefert, welche ich für den hier im Original gegebenen Satztheil dem Leser vorlege: Instead of reconciling the parties by the weight of his authority, he cherished and propagated, by verbal disputes, the differences, which his vain curiosity had excited.

[2] ut ... rei vehiculariae succiderot nervos

[3] ... dum ritum omnem ad suum trahere conantur arbitrium. XXI 16, 18.

[4] ... aegre populi metu, qui eius amore flagrabat. XV 7, 8. ... ἡγάπα ὁ τῶν Ῥωμαίων δῆμος. Sozomenus IV 15, p. 150 ed. Reading. Quo in exilium ob fidem truso omnes clerici juraverunt, ut nullum alium susciperent. Hieronymus in Eusebi chron. ed. Schoene II 194.

[5] Jaffé, regesta Pontificum ed. I, p. 18, ed. II, p. 37.

[6] Hactenus deviasse sufficiet, nunc ad rerum ordinem revertamur. XXVII 3, 15.

solche in dem Liberius-Excurse als Anlass oder Vorwand bei Besprechung christlicher Differenzen kennen gelernt haben — führt der Autor an, welche seine Schilderung begründen. Die Entzweiung der beiden christlichen Parteien führte zu blutigen Händeln, welche den neuen, unbescholtenen, klugen, in seiner Amtsführung sonst ungestörten Stadtpräfecten erschreckten und sogar einmal in die Vorstadt zu weichen nöthigten,[1] und ‚die lange Verwilderung der unteren Classen konnte später kaum gemildert werden.‘

Er geht auf die Vorgeschichte der Entzweiung nicht ein. Er erwähnt nicht einmal, dass der zum Siege gelangte, also neue Papst Damasus (366 bis 384) zu den Anhängern des gegen seinen Vorgänger Liberius aufgestellten, aber keineswegs arianischen Gegenpapstes Felix II. gehörte und durch den vorjährigen Stadtpräfecten (wohl am Tage der Weihe: 1. October 366) förmlich in sein Amt eingesetzt und von der Regierung überhaupt, vielleicht gerade Felix des Zweiten halber, begünstigt wurde.[2]

Ammian hat nur den Conflict zwischen den Bewerbern Damasus und Ursinus im Auge: beide ‚über menschliches Mass entbrennend, um den bischöflichen Stuhl an sich zu reissen‘, bis es zu blutigen Kämpfen kam, gegen welche der Stadtpräfect unmächtig war. Die Zahl von hundert siebenunddreissig Todten, welche an einem Tage ‚notorisch‘ (constat) in einer Basilica nach der Information unseres Autors gefallen sind, steht einer christlichen zeitgenössischen Quelle nach, welche hundert und sechzig nennt.[3] Hieronymus bemerkt ausdrücklich und aus bester Kunde, dass ‚höchst grausame Ermordungen von Personen beiderlei Geschlechtes‘ stattgefunden haben.[4]

An diese gräulichen Scenen knüpft Ammianus (§. 14 und 15) zunächst Bemerkungen, welche seinem heidnischen Gesichtspunkte entsprechen. Diese blutigen Kämpfe seien nur eingetreten, weil die Sieger sicher sein konnten, ‚durch Geschenke von Damen bereichert zu werden, sorgfältigst gekleidet in Wagen sitzend einherzufahren, üppige Gastmähler zu veranstalten, so dass sie die königlichen Tafeln übertreffen‘.

Dann aber folgt die für einen der Kirche nicht Angehörigen seltsame Belehrung, welche doch, wie wir sahen, am Schlusse entschuldigt wird. Er führt der römischen hohen Geistlichkeit zu Gemüthe: ‚sie konnten wahrhaftig glückselig sein, wenn sie mit Verachtung der, von ihnen den Lastern gegenüber geltend gemachten, Stadt, in Nachahmung einiger Vorstände (d. h. Bischöfe) in der Provinz leben würden. Diese empfehlen als Reine und Ehrwürdige der ewigen Gottheit[5] und deren wahren Anbetern die magere Kost, das gar spärliche Trinken, auch die Billigkeit ihrer Gewande und die auf den Boden

---

[1] Vivontius, integer et prudens Pannonius, cuius administratio quieta fuit et placida ... Hed hunc quoque discordantia populi seditione torruere, quae tale negotium excitavere. — Viventius ..., coactus vi magna secessit in suburbanum. XXVII 3, 11 und 13.

[2] Regesta pontificum ed. II, p. 35 und 37. — Dechanne (vgl. oben S. 16, Anm. 4) erweist Damasus' I, p. 913 abgedruckte Biographie theils dort in den Notes explicatives, theils in der Introduction unter Date du liber pontificatis XLV, n. 12 als unglaubwürdig in Datum wie Thatsachen; namentlich ist Damasus' Einsetzung statt durch den Präfecten, durch eine Synode, wie später den Papstes Symmachus, dessen Geschichte nachgebildet, Ursinus' Beschenkung mit dem Bisthume Neapel erfunden.

[3] Jaffé, regesta ed. I, p. 16, II, p. 37.

[4] ... crudelissimae interfectiones diversi sexus perpetratae. Eusebi chron. ed. Schoene II 197.

[5] Zu perpetuo numini XXI 3, 16 vgl. oben S. 10, Anm. 4 und 5. Julianus am 6. Januar 361 progressus in eorum (Christianorum) ecclesiam — wahrscheinlich in Vienne — sollemniter numine orato discessit XXI 2, 55. — Anderweits verkündet 367 der christliche Kaiser Valentinian I. den Truppen bei Erhebung seines Sohnes Gratianus zum Augustus: prospera Deo spondente XXVII 6, 6.

gerichteten Augenbrauen`. Das kann auch eine, schwerlich wirksam gewordene Vorstellung
für die hohe römische Geistlichkeit sein, durch Aenderung ihrer Lebensweise und ihres
Auftretens die Gemüther religiös gesinnter Heiden zu gewinnen.

§. 5. Das Walten der römischen Monarchie.

Die göttliche Verehrung der Kaiser, wie sie sich seit Augustus', besonders aber etwa
dreihundert Jahre später seit Aurelianus' Zeiten als ein wesentliches Stück heidnischer
Religiosität ausgebildet und als eine Unterthanenpflicht gestaltet hatte, ist in den letzten
Viertel des vierten Jahrhunderts als so gut entwickelt anzusehen, dass Ammianus' Zeit-
genosse Vegetius in seinem militärischen Handbuche als eine durchaus zweifellose Thatsache
diese Göttlichkeit bemerkt. Es geschieht in der Form, dass Jedermann dem Imperator,
wenn er den Augustus-Namen erhalten hat ,wie einem gegenwärtigen und körperlichen
Gotte getreue Hingebung zu leisten hat'. Es ist ein schwaches Zugeständniss an das zum
Siege gelangte Christenthum, dass dies noch durch die Einsetzung des Kaisers von
Gott begründet wird. Allen älteren Zeitgenossen muss doch noch, als Ammianus eben in
den Neunzigerjahren des vierten Jahrhunderts sein Werk allmählich publicirte, in
Erinnerung gewesen sein, wie man unter der Regierung des am 26. Juni 363 gefallenen
oder ermordeten Kaisers Julianus noch etwa sechsunddreissig der bisherigen Kaiser als
feierlich anerkannte Götter und dazu eine auch nicht geringe Zahl von Frauen der kaiserlichen Familien als Göttinnen zu verehren hatte.[1] Zuletzt ist wohl noch, vermuthlich
im Jahre 364. der christliche Kaiser Jovianus durch die ebenfalls christlichen Kaiser
Valentinianus und Valens unter die Götter aufgenommen worden.[2]

Ganz so direct wie bei Vegetius wird die Huldigungspflicht für den Gott-Kaiser bei
Ammianus niemals ausgesprochen. Immerhin haben wir (S. 13) gesehen, wie er selbst bei
Jovianus' Charakter eine läuternde Wirkung zur Sittenreinheit von der gleichsam überirdischen Kraft der kaiserlichen Würde erwartet. Seine Charakteristiken verstorbener
Reichsregenten lassen, wie sie jedesmal am Schlusse ihres Lebens vorgeführt werden. ihren
guten Eigenschaften genug Raum, um das Ansehen oder die göttliche Einsetzung des
römischen Kaiserthums nicht zu compromittiren. So weit geht seine Hingebung an die
jedesmal herrschenden kaiserlichen Familien, dass er es für ein ,unsühnbares Verbrechen,
zu rechnen, zu den schmählichen Verlusten 'des römischen Staates' erklären zu müssen
glaubt, wenn Constantius' hinterlassene Tochter auf ihrer Reise zu dem ihr bestimmten
Gemahle Kaiser Gratianus nicht vor naher Gefangenschaft bei den Quaden durch den
betreffenden Provincialrector nach Sirmium gerettet worden wäre.[3] So hoch er des Kaisers
Julianus Verdienste und Kriegsthaten schätzt, niemals würde er einen, einem officiellen
Rechtfertigungsschreiben desselben an den Kaiser Constantius beigelegten Privatbrief mit
Beschimpfungen und Bissigkeiten veröffentlicht haben, selbst wenn er es für erlaubt
gehalten hätte, sich Einsichtnahme in diese Beilage zu verschaffen.[4]

---

[1] Mommsen, Römisches Staatsrecht[2] II 787, wo sich auch die betreffenden Satztheile aus Vegetius II 5 finden, dann S. 791,
     Anm. 2 und S. 805, Anm. 7 und 8.
[2] ... benignitate principum, qui ei successerunt inter Divos relatus est. Entropius 10, 18 ed. Hartel; X. XVIII. §. 2 ed. Rühl.
[3] Eveniset profecto tunc inexpiabile scelus, numerandum inter probrosas rei Romanae jacturas ... — Hoc casu prospero
     regia virgine periculo miserae servitutis exempta. XXIX 6, 7 und 8.
[4] Zur Schilderung von Julianus' Grossthaten in Gallien Instrumenta omnia mediocris ingenii, si suffecerint, commoturus.
     XVI 1, 2. Dazu kann man sein ebenfalls wahres Bedauern über sein mediocre ingenium bei Beschreibung von Kriegs-

Nach Allem kann es uns nicht überraschen, wenn er sich für strenge Handhabung der gesetzlichen Autorität erklärt. Zum Jahre 356 rühmt er den Leiter des kaiserlichen Hauptquartiers wegen seiner erhabenen Standhaftigkeit und „ebenso wegen seiner löblichen Strenge"[1] bei gerichtlichen Untersuchungen mit Folterungen. Er hat solche Qualen gelegentlich wie zur Abschreckung des Lesers geschildert, besonders eingehend und allem Anscheine nach als Augenzeuge, wenn nicht Mitwirkender,[2] in widrigen Einzelheiten bei einer in Antiochia auf des Kaisers Valens Befehl im Jahre 371 vorgenommenen Inquisition von angeblichen Anhängern eines nach dem Throne strebenden Notars. Im Jahre 359 hat er das Verfahren zu schildern, welches wegen Majestätsbeleidigungen gegen Egypter und Syrer in dem palästinensischen Skythopolis von einem zu diesem Zwecke von Constantius ernannten Bevollmächtigten bösen Rufes vorgenommen wurde: „dass schärfer bei diesen Angelegenheiten inquirirt wurde, tadelt mindestens Niemand, der richtige Verständniss hat; denn wir stellen nicht in Abrede, dass die Wohlfahrt des rechtmässigen Herrschers, des Vorkämpfers und Vertheidigers der Guten, bei dem die Wohlfahrt gesucht wird, in vereinter Bemühung Aller gesichert werden muss'. „Aber es ziemt sich nicht, bei traurigem Justizverfahren masslos zu frohlocken, damit es nicht scheine, als ob die Unterthanen nach Willkür regiert werden, nicht durch Amtsbefugniss.'[3]

Ein nach der Gründung der neuen kaiserlichen Hauptstadt Constantinopel bei Ammianus überraschendes Correlat der kaiserlichen Würde ist dessen Lobpreisung der alten Residenz Rom, in welcher freilich sein Geschichtswerk die heutige Gestalt — so weit wir es eben besitzen — erhalten haben wird. Er spricht einmal von einer „Zeit, da mit den ersten Auspicien zu einem die Welt bestrahlenden Glanze Rom sich erhob, welches zu leben bestimmt ist, so lange es Menschen gibt'. Der Kaiser Constantius „betritt Rom als die schützende Gewalt des Reiches und aller Tugenden'.[4]

§ 6. Der Kampf gegen die Germanen.

Mit einer bei ihm ganz ungewöhnlichen Erbitterung äussert sich unser Autor zuweilen über die Germanen. Er vergleicht sie mit wilden Thieren, „gewohnt, durch die Nachlässigkeit der Wächter vom Raube zu leben'.[5] Zum Jahre 369 berichtet er von einem nach geschlossenem Frieden stattgehabten Ueberfalle der Sachsen. „Obwohl nun irgend ein gerechter Beurtheiler des Herganges die That als eine treulose und hässliche verklagen wird, so wird er doch nach Erwägung des Sachverhaltes nicht unwillig empfinden, dass der ver-

---

[1] maschinen XXIII 4, 1 nehmen. — His litteris juxctas secretiores alias, Constantio, offerendas claudeis, misit objurgatorias et mordaces, quarum seriem nec scrutari licuit, nec, si licuisset, proferre decebat in publicum. XX 8, 18

[2] Mavortius tunc praefectus praetorio vir sublimis constantiae ... severitatis itidem non improbandae XIX 12, 17.

[3] XXIX 1, 23 und in §. 24: addici post cruciabiles poenas vidimus multos. Es ist doch nicht unmöglich, dass Ammianus damals noch die Charge eines Protectors hatte: dann passt auch auf ihn XXIX 3, 9: in hoc negotio protectorem ad exhibendas missi personas de fastibus praeter solitum cavei. — Ein Gegenstück zu jener bildet eine auf Valentinianus' I Befehl vorgenommene Inquisition im Jahre 366: XXVI 10, 9 und 13

[4] Et inquisitum in haec negotia fortius, nemo, qui quidem recte sapiat, reprehendit. Nec enim abnuimus, salutem legitimi principis, propugnatoris bonorum et defensoris, unde salus quaeritur, consociato studio mnuiri debere cunctorum. — Sed exultare maestis casibus effrenate non decet, ne videantur licentia regi subjecti, non potestate. XIX 12, 17 und 18.

[5] Tempore quo primis auspiciis in mundanum fulgorem surgeret victura dum erunt homines Roma. — Proinde Romam ingressus (Constantius Augustus) imperii virtutumque omnium larem. XVI 6, 3 und 10, 13.

[6] ... ut bestiae custodum negligentia rapto vivere solitae. XVI 6, 17.

derbliche Räuberhaufen endlich, da sich eine Gelegenheit bot, gefasst worden ist.'' ‚Nachdem dies so erwünscht vollbracht war‘, meint der Verfasser, des Kaisers Valentinianus I. gelungene Aufhetzung der Burgunden gegen die Alamannen erzählen zu sollen.

Nun muss man doch erwägen, dass Ammianus, soweit unsre Kunde reicht, niemals persönlich an einem Kriege gegen irgend welche Germanen theilgenommen hat. Dagegen hat er selbst von dessen Ausbruche bis zum Ende an dem damaligen Kriege gegen die Perser, also in den Jahren 359 bis 363, steten Antheil genommen und, wie wir früher (S. 11) gesehen haben, den freilich kaum vermeidlichen ungünstigen Friedensschluss des Kaisers Jovianus beklagt. So viel er nun auch von den damaligen römischen Kämpfen gegen die Perser berichtet, so grosse Gefahren auch ihm selbst in den Kämpfen mit diesem streitbaren Volke erwuchsen, so genau er sich über dessen Anschauungen und Sitten, über dessen Vorzüge und Laster unterrichtet zeigt — niemals finden sich Aeusserungen eines nationalen und gleichsam den Göttern genehmen Hasses gegen die Perser, wie er sie oft genug bei den Kämpfen der Römer seiner Zeit gegen die Germanen anwendet.

Mit peinlichen Empfindungen mag er, nur eben die Thatsachen berührend, zum Jahre 354 Constantius' Krieg und demüthigen Friedensschluss mit den Alamannen geschildert haben, jenen Frieden, den des Kaisers Anrede an die Truppen in erster Linie bezeichnet als geschlossen, ‚um Mars' Ungewissheiten zu vermeiden‘.[*] Julianus' Sieg von 357 über dieselben Alamannen bei Argentoratum preist er als eine göttliche Gnade, eine ‚Gunst der himmlischen Macht‘.[*] Das Gefecht war freilich von Julianus unter ungünstigen Bedingungen, mit unzureichenden Streitkräften unternommen worden. So mag sich denn einigermassen erklären, dass der nächste Sieg über dasselbe germanische Volk, errungen durch die Schlacht von Argentaria im Jahre 377, den doch nur ein Feldherr des freilich anwesenden Kaisers Gratianus unter günstigeren Bedingungen gewann, nur kühl und kurz gefeiert wird.[*] Den Göttern wird hier kein Dank gesagt, wie denn der Autor ihren Cult im Fortgange seiner Darstellung und vollends gegen das Ende mehr und mehr zurücktreten lässt. Bei der entsetzlichen Niederlage des römischen Heeres durch die Gothen bei Adrianopel am 9. August 378, noch gesteigert durch das für den römischen Namen so beschämende Verschwinden der Leiche des hier umgekommenen Kaisers Valens[*] — in dem demüthigenden Berichte über diese Schlacht hat Ammianus die sonst gewohnten Ausdrücke bei Seite gelassen. Weder seine Götter sammt dem Schicksale, noch sein pflichtgemässer, gleichsam religiöser Hass gegen die Germanen empfangen Erwähnung. Es gewährt ihm nur einige Versöhnung, dass der Angriff auf die Stadt Hadrianopolis selbst abgewehrt und so der verwüstende Abzug der Gothen und der ihnen verbündeten ‚gar kriegerischen Hunen und Alanen‘[*] bewirkt werden konnte.

---

[*] Ac licet justus quidam arbiter rerum factum incumbit perfidum et deforme, pensato tamen negotio non foret indigne manum latronum exitialem tandem cupia data captam. — Post haec ita prospere consummata Valentinianus cet. Alamannorum ... immanis natio, XXVIII 5, 7 und 8.

[*] ... primo ut Martis ambiguus declinontur. XIV 10, 14.

[*] ... favore superni nominis ... XVI 12, 62.

[*] Hac laeti successus fiducia Gratianus erectus. XXXI 10, 11.

[*] Illud tamen certum est ... nec Valenti sepulturam, qui supremitatis honor est, contigisse. XXXI 13, 17 ... quem inter medios certaminum turbines oppetisse, vel certe ad tugurium confugisse, ubi aestimatus est vi periisse flammarum, penitus ignorabant. XXXI 16, 2.

[*] At Gothi Hunis Halanisque permixti nimium bellicosis et fortibus ... agros ... vastavere. XXXI 16, 3.

Viertes Kapitel.

Kriegsdienst.

§. 1. Nationalität.

Indem uns der Autor allmählich näher tritt, erkennen wir aus seiner Nachahmung Taciteischer Composition und gelegentlich entsprechender Redewendung sein ernstes Bestreben, die lateinische Sprache, welche er für sein Geschichtswerk gewählt hat, bestens zu handhaben. Freilich hat man schon im Jahre 1692 an der Universität Leyden erkannt,[1] dass man sich an die scheinbare Entschuldigung nicht halten dürfe, welche der letzte Satz des Werkes mit den Worten bietet, der Verfasser sei Grieche. Man erkennt bald in ihm einen genauen Kenner der besten römischen Prosaiker, wie ihm denn vor Allem Cicero's Schriften gegenwärtig sind und vielfach mit Glück citirt werden. Auch wurde schon damals bemerkt, dass er als Antiochener guter Herkunft von Jugend auf mit dem Lateinischen bekannt war, auch bei Uebersetzung einiger griechischer Worte einmal das Lateinische mit „wir sagen" gleichsam als seine zweite Muttersprache in Anspruch nimmt. Hinzufügen lässt sich, dass er die lateinische Bezeichnung für den von dem Kaiser Julianus stets im Frieden getragenen groben Rock als auf Einfältigkeit der gemeinen Redeweise zurückgehend bezeichnet und das correcte griechische Wort schreibt.[2]

Aber abgesehen von den überaus zahlreichen griechischen Citaten aus Homer, aus Dichtern verschiedener Zeiten, von Orakelsprüchen und Weissagungen findet sich wiederholt der Gebrauch von griechischen Worten mit dem Zusatze „wir sagen' ‚benennen" oder ‚griechische Redeweise bezeichnet es so'.[3] Zuweilen gebraucht er für griechische technische Ausdrücke lateinische Buchstaben.[4] Allmählich nimmt doch dieser Gebrauch von griechischen Worten zur Erklärung ab und findet sich überhaupt nicht in den vier letzten Büchern. Die in denselben vorkommenden griechischen Citate von Orakel- und Wahrsagungsversen, wie einzelne Worte etwa (XXX 4, 3) Platon's und Epikur's kommen für die Sprachenfrage insofern nicht in Betracht, als sie auch jeder Gebildete aus der Westhälfte des Reiches verwenden konnte. Der frühere Verlegenheitsgebrauch griechischer Worte legt doch die Vermuthung nahe, dass Ammianus erst allmählich die volle Sicherheit der historischen Darstellung in lateinischer Sprache gewonnen hat. Dass es für Libanios sehr erfreulich war, ein lateinisches Werk des antiochenischen Mitbürgers in Rom günstig beurtheilt zu wissen, haben wir gesehen, auch dass er ihn allem Anscheine nach für philosophisch gleichgiltig gegen Glücksgüter und für anhänglich an Befreundete hielt, recht als ‚Griechen und Soldaten'.

[1] Jacobi Gronovii ad Cossnum III. . . . dedicatio (vgl. Anhang I) bei Wagner, t. I, p. IX und X.

[2] Quidam enim figmento Deae caelitus lapso ἀπὸ τοῦ κεττίν, quod cadere nos dicimus, urbem (Pessinunta) asseruere cognominatam XXII 9, 7.

[3] σ'παρα, quam vulgaris simplicitas sacramam appellat XVI 5, 5.

[4] Dicimus, appellamus mit oder ohne vorangehendes nos oder ut nos: XIV 11, 18 pervunta; für vina nocturna. XVIII 6, 22 ἑρπωτάς für terrarum ambitus. XXII 15, 28: τοῦ περὸς nach: ad ignis speciem, um das Wort Pyramide zu erklären, die in einem Kegel ende. XXIII 6, 20 διαβαίνειν für transire, δαίμων für aitor ignens (= stella transvolans) XXV 2, 5. — ἀτόμος XXVI 1, 1. — Die Wendung sermo Graecus appellat: XXI 1, 8 πότμῳν für fixa fatali lege decreta. XXVI 1, 8 ζωδιακὸν für polo signifero. — Zahlreiche griechische Worte gebrauchte er ohne Weiteres XX 3, 4 und 9 bis 11 für Erklärung von Sonn- und Mondfinsternissen.

[5] Besonders auffällig: XIX 4, 7 (lues) pandemus . . . epidemus . . . loemodes (d. h. λοιμώδης).

Ammianus' religiöse Richtung ist nicht eigentlich national ausgeprägt, obwohl sie dem Griechen eher als dem Römer entspricht. Wie seine heidnischen Ueberzeugungen sich gelegentlich mit warmer Anerkennung christlicher Lehren und Organisationen verbanden, dürfte eine nicht häufige Ausnahme bilden. Eine tadellos züchtige Haltung in der historischen Darstellung — obwohl er auch Unschönes von Hunen und Alanen zu berichten hat — und in seiner Lebensanschauung scheint doch in den höheren Gesellschaftskreisen dieser Zeit nicht selten gewesen zu sein; um so entrüsteter äussert er sich über Ausschweifungen, wo immer er solche bemerkt. Tief durchdrungen ist er von der Pflicht des Gehorsams gegen den Inhaber der kaiserlichen Gewalt, wenn auch Manches gegen denselben anzusetzen sein mochte — eine Empfindung, welche unter den Griechen nicht allzu häufig zu finden gewesen sein mochte. Wie von einem religiösen Fanatismus ist er erfüllt von einer tiefen Abneigung gegen die unbezwinglichen und für das Römerreich allerdings gar bedrohlichen Germanen; diesen gegenüber hält der sonst so ehrenhafte Mann auch in mehr hellenistischer Weise Vertragsbruch für entschuldbar.

§. 2. Dienstzeit.

Wir haben früher mit leidlicher Sicherheit feststellen können,[1] dass Ammianus um das Jahr 330 in Antiochia geboren sein dürfte, im Jahre 353 bereits zu den kaiserlichen Garden ersten Ranges (protectores domestici) gehörte und sich noch im Jahre 357 als zu den jüngeren Leuten (adulescentes) gehörig, im Gegensatze zu den Aelteren (natu majores) bezeichnen konnte. Das von ihm für das jugendliche Alter gebrauchte Wort wird aber von seinem älteren Zeitgenossen, dem Geschichtschreiber Eutropius,[2] für den einundzwanzigjährigen Pompejus und den achtzehnjährigen Octavianus derart gebraucht, dass man annehmen kann, der frühere Gebrauch des Wortes, etwa bei Cicero und Livius, für die Wehrpflichtigen bis zum zurückgelegten fünfundvierzigsten Lebensjahre sei zu Ammianus' Zeit ausser Gebrauch gewesen. Das erklärt sich auch einfach genug, da die Recrutirung und durch Altersgrenzen geregelte Militärpflicht der römischen Bürgerschaft republikanischer und einigermassen noch beginnender Kaiserzeit seit Jahrhunderten ausser Gebrauch gekommen war.[3] ‚Aeltere‘ seniores im Gegensatze zu den juniores, vom siebenundvierzigsten Jahre an, noch zum Kriegsdienste im dritten vorchristlichen Jahrhundert thatsächlich und dann noch lange, nach ihrer eigenen Meinung rechtlich verpflichtete Bürger hat es im beginnenden zweiten nachchristlichen Jahrhundert nicht gegeben. In der ersten Hälfte desselben ist ‚nach dem Muster gemalter Landkarten‘ eine Art Auszug römischer Geschichte aus Livius entstanden, in dessen Einleitung die Existenz des römischen Staates albern genug nach vier Lebensaltern abgetheilt wird. Da folgt auf die Kindheit der Königszeit die frühe Jugend der hundertundfünfzig ersten Jahre der Republik, welche man adulescentia nennen könnte; dann erst kommt bis auf Augustus' Zeit ‚die wahre Jugend (juventus) und gleichsam kraftvolle Reife‘; das schöne Exempel schliesst mit dem durch Kaiser Trajan wieder jugendlich gestalteten Alter.[4] Man sollte doch meinen, dass schon

---

[1] Vgl. oben im zweiten Kapitel Seite 6 und 7 mit den entsprechenden Anmerkungen.

[2] Pompejum ... adulescentem Sylla atque annos unum et viginti natum ... praefecerat. — Octavianus adulescens annos X et VIII natus. Eutropi l. V, c. 8 (= 6); l. VII, c. 1 ed. Hartel. Sonst Forcellini (1839) s. v. adolescens.

[3] Mommsen, Die Conscriptionsordnung der römischen Kaiserzeit. Hermes XIX (1884) 9, 21, 51, 62, 72, 212, 220 bis 226, 279.

[4] Juli Flori epitomae ed. Halm p. 3.

damals die adulescentes für jünger als die juvenes gehalten wurden, zu welchen man in diesem Falle auch Ammianus' ‚Aeltere‘ ‚natu majores‘ zu zählen haben würde.

Am Schlusse seines Werkes bezeichnet er sich als aus dem Militärdienste geschieden: miles quondam. Die Zeit, in welcher er seinen Abschied erhielt, ist nicht mit Sicherheit zu bestimmen. Zum letzten Male erwähnt er sich selbst mit den Truppen auf dem Rückzuge aus Persien nach Julianus' Tode als kampfbereit unter des neuen Kaisers Jovianus Oberbefehl im Juli 363.[1] Nach dem mit den Persern geschlossenen Frieden können wir seine Anwesenheit bei dem überaus beschwerlichen und allmählich sich schmachvoll gestaltenden Rückmarsche des römischen Heeres nach Syrien verfolgen, nachdem er Zeuge der Räumung der an Persien abgetretenen Stadt Nisibis von ihren bisherigen, nun verzweifelnden Bewohnern gewesen war.[2] Zuletzt finden wir Ammianus als zur Armee gehörig erwähnt bei dem Einmarsche des Heeres in Antiochia, von wo doch der neue Kaiser bald ‚in seltsamer Ungeduld‘ wieder abzog.[3] Den Erlebnissen nach der Dienstzeit werden auch die üblen Erfahrungen beizuzählen sein, welche er mit orientalischen Advocaten zu machen hatte.[4]

Von da an werden die Nachrichten über Jovianus nur flüchtig gebracht, wie es denn nicht richtig sein kann, dass dieser Kaiser von Ancyra, wo er um 1. Januar 364 mit seinem kleinen Sohne den Consulat feierlich antrat, bald nach Dadastana, wo er starb, weiter gezogen sei;[5] denn noch vom 16. Februar 364, also einen oder zwei Tage vor seinem Tode, ist ein von ihm gegebenes Gesetz ‚gegen Raub und Ehe jungfräulicher Nonnen‘ aus Ancyra datirt.[6] Das Datum des Tages, an welchem Jovianus todt in Bette gefunden wurde,[7] nennt Ammianus nicht; die Angaben über die Todesursache scheinen aus Eutropius entnommen zu sein, wenn auch die Wortfolge geändert und Einiges hinzugefügt ist,[8] wobei freilich Eutrop's Stil sich als der weit natürlichere ergibt.

Es liegt ja sehr nahe, die wohlgelungene und recht ins Einzelne gehende Schilderung des neuen Kaisers Valentinianus I., wie er durch ungeschickte Haltung[9] die anzuredenden Truppen fast zu einer Rebellion bringt — diese drastischen Sätze auf Ammian's Augen-

---

[1] Cum staremus ut pugnaturi, gradum sensim referentes, moris diuturnis excruciabant (Persae) XXV 6, 11.
[2] XXV: Dura nos impendentium aerumnarum opprimit timor. . . . 8, 4. Et via aes diernus exseuas, cum ne gramina quidem invenirentur, solaria necessitatia extremae, . . . venero . . . cibos ferentbs. 8, 7. Post quae itinere festinato, Nisibi cupide via, extra urbem nativa castra posuit princeps. 8, 17.
[3] XXV: Bis hoc modo peractis discursisque itineribus Antiochiam venimus. 10, 1. Moratum pauliuper Antiochiae principem curarumque pondribus diversis addictum exeundi mira cupiditas agitabat. 10, 4.
[4] . . . Indignitate . . ., quam in illis partibus expertus sum. XXX 4, 4. Doch nicht als agens in rebus?
[5] Hinc quoque Jovianum celeri gradu praescriptus vitae finiendae dies exegit. XXV 10, 12.
[6] Lex 2 cod. Theodos. (ed. Hänel 1842, p. 898 sq.). L IX. tit. XX de rapto vel matrimonio sanctimonialium virginum vel viduarum. Relassius hat Ancyram für Antiochiae der Handschriften conjicirt, was Hänel billigt, ebenso XV kal. Mart., was eine einzige Handschrift bietet, für das in den meisten Übrigen stehende XI kal. Mart.
[7] Ibereuit imperii mense septimo (vielmehr octavo nach Julianus' Tode am 26. Juni 363, quarto (in mehreren Codices) oder tertio (Cod. Fuldensis) declmo kal. Mart. aetatis, at qui plurimum vel minimum tradunt, tertio et tricesimo anno. Eutropius X 18 ed. Hartel = X, XVIII 2 ed. Rühl, der ‚tertio decimo‘ in den Text setzt und in der praefatio p. XIX gonkus dem von p. VI bis X Erörterten begründet. Auch H. Droysen (M. G. Auctores antiq. II 182) hatte tertio gesetzt.

Eutropius s. f.	Ammianus XXV 10, 13.
Multi examinatum opinantur nimia cruditate, inter coenandum enim epulis indulserat, alii odore cubiculi, quod ex recenti tectorio calcis grave quiescentibus erat, quidam nimietate prunarum, quas gravi frigore adoleri multas jusserat.	Fertur enim recenti calce cubiculi illiti ferre odorem noxium nequivisse vel exuberato capito perisse succensione prunarum immensa aut certe ex colluvione ciborum avida cruditate distentus.

[9] Eoque (Valentiniano), ut expeditius loqueretur, brachium exsertante, obmurmuratio gravis raucitor concrepantibus et manipulis est. XXVI 2, 3.

zeugenschaft in Nicaea zurückzuführen, wo die Truppenhuldigung stattfand. Doch lässt sich die Beschreibung des Herganges leicht genug auch aus Mittheilung von Kameraden erklären.

Man wird daher die Vermuthung äussern können, dass Ammianus in seiner Heimat Antiochia aus dem Heeresverbande, vielleicht noch im Herbste des Jahres 363, für immer getreten sei. Mit Sabinianus, welcher nach des viel gepriesenen Ursicinus Absetzung sein Befehlshaber geworden war, hatte er nie freundliche Beziehungen gehabt, wie auch seine Urtheile über denselben höchst ungünstig sind. Er zeichnet diesen Günstling des Hofes, speciell des bei Constantius so einflussreichen Eunuchen Eusebius, als träge, genusssüchtig und von ‚hartnäckiger Feigheit.‘ Seinem bewunderten Feldherrn im Perserkriege, dem Kaiser Julianus, dürfte er niemals näher getreten, auch nie zu einem Gespräche mit demselben gelangt sein, da er solche Beziehungen in seinem Geschichtswerke nicht unerwähnt gelassen haben würde. Jovianus' Erhebung zur Kaiserwürde war ihm überaus unerwünscht. Wir haben früher (S. 13) gesehen, wie anstössig ihm dessen Privatleben erschien, und wie er von der Majestät dieses höchsten Amtes eine bessernde Rückwirkung auf Jovianus' Fehler erwartete; die übliche Charakteristik nach dessen Tode ist des Autors Hingebung an das Interesse der römischen Monarchie genügend entsprechend,[1] um die Laster in den Hintergrund treten zu lassen. Die in gleichgiltigem Tone gehaltene Nachricht über Jovianus' Tod[2] zeigt genügend, dass Ammianus dem Verstorbenen kein freundliches Andenken bewahrte. Dass er schwerlich, wenn auch möglicherweise, noch mit dem Range eines Protector Domesticus, vielleicht zu den Commissären gehörte, welche im Jahre 371 die peinliche Frage an angeblichen Hochverräthern zu leiten hatten, wurde früher bemerkt.[4]

§. 3. Bedenkliche Erlebnisse.

Die Richtigkeit der Mittheilungen aus Ammianus' Leben als Soldat wird man im Allgemeinen anzunehmen haben, wie denn die geringe uns ermöglichte Controle zu seinen Gunsten ausfällt.[5] Die Prüfung der von ihm unter seinen Erlebnissen als besonders merkwürdig in Einzelheiten erzählten wundersamen Begebenheiten führt aber zu einem weniger beruhigenden Ergebnisse.

Die erste und vielleicht gefährlichste Action war die, welche er mit den früher (S. 6) erwähnten neun anderen Herren von Ursicinus' Gefolge[6] zu Silvanus' Vernichtung, des bisherigen am Niederrheine mit der Residenz in Köln Commandirenden, welcher sich von den Truppen zum Kaiser hatte ausrufen lassen, ins Werk setzte. Das Gefolge wird nicht an der Thatsache gezweifelt haben, welche unser Autor nach so vielen Jahren in guter Laune aus-

---

[1] ... pertinari ignavia. XX 2, 3. — Von dessen Trägheit und Genusssucht ist oben im dritten Kapitel §. 3 ‚Sittenreinheit‘ zu Anfang gesprochen.

[2] XXV 10, 14 und 15.

[3] Vgl. oben S. 25, Anm. 8.

[4] Vgl. Kapitel III, §. 5, S. 21. Die Vermuthung ruht auf XXIX 1, 22.

[5] H. Sudhaus, de ratione, quae intercedat inter Zosimi et Ammiani de bello a Juliano imperatore cum Persis gesto relatione (Bonn 1870) erweist das für diesen Feldzug aus einer noch zu besprechenden Quelle. Mit den von Lindenbrog, Heinrich Valois und Gronov im siebzehnten Jahrhunderte gegebenen, und in der Wagner-Erfurdt'schen Ammianus-Edition im zweiten und dritten Bande auszugsweise wiedergegebenen Belegen und Prüfungen der sämmtlichen Angaben des Autors wird man übrigens den in der Zosimus-Edition Immanuel Bekker's von 1837 (Bonner Byzantinersammlung) von Heyne überarbeiteten Commentarius historicus von Reitemeier trotz seiner Schwächen für Ammian's Wertheschätzung doch gern benutzen: von Seite 364 bis 390.

[6] ... ad juvandas necessitates publicas et conjunctis. XV 5, 22.

druck gibt, dass sie dort „Alle mit einer Grabschrift getödtet worden wären, wenn man ihre Absichten entdeckt hätte'.[1] Ursicinus trieb die Verstellung so weit, dass er dem übrigens christlichen Silvanus die Anbetung als Kaiser leistete. Das Gefolge gerieth, da Silvanus' Truppen nach Italien geführt zu werden verlangten, etwa wie im Jahre 69 Vitellius' Legionen, in grosse Aufregung und suchte durch Nachforschung die zu Silvanus' Ermordung geeigneten Männer unter den Soldaten zu finden, was denn auch bei ohnehin Unzuverlässigen gegen reichen Lohn gelang;[2] ein Haufen Bewaffneter drang mit Tödtung der Wachen in den Palast und hieb den auf dem Wege zum Morgengottesdienste übermachten, in einer Nische sich verbergenden Prätendenten mit ihren Schwertern nieder.

Das Alles wird genau erzählt sein, wie es verlief. So dürfte es auch mit der Rettung eines von seiner Mutter in der Angst vor den sengenden Persern verlassenen, goldgeschmückten Knaben stehen, den Ammianus bei einer Recognoscirung unweit Nisibis weinend auf der Strasse fand und nach der Weisung seines Vorgesetzten zurückreitend in Sicherheit brachte,[3] wobei er fast von den Feinden gefangen worden wäre.

Aber bald folgt der Bericht von einer andern, ebenfalls in das Jahr 359 gehörigen, bedeutendern Expedition. Er erhält den Befehl, zur Erforschung der militärischen Situation und Absichten der Perser sich mit einem zuverlässigen Centurionen[4] zu dem Satrapen von Corduene, des armenischen Grenzlandes gegen Mesopotamien, zu begeben; dieser war als Geisel in Syrien aufgewachsen, führte den — wohl damals nur scherzhaft ihm von Römern gegebenen — Namen Jovinianus und war von den klassischen Studien derart angezogen worden, dass er „lebhaftes Verlangen trug zu uns zurückzukehren, es insgeheim mit uns hielt'.[5] Ammianus will bestens von ihm aufgenommen und nach Mittheilung seines Auftrages einem schweigsamen Führer zugewiesen worden sein, der ihn „nach sehr hohen und von da weit entfernten Felsen brachte, von denen, wenn nicht die Schärfe der Augen mangelte, fast vierundsiebzig Kilometer weit auch das Geringste sichtbar war'.[6] Erst in der Frühe des dritten Tages sahen sie das persische Heer, „den ganzen Horizont mit unzähligen Schaaren bedeckend', voran „den König' selbst „in röthlich leuchtender Kleidung' zwischen zwei genannten Unterkönigen, dann die Befehlshaber verschiedenen Ranges, welchen die „Menge aller Grade folgte' „durch lange Wechselfälle gegen Strapazen abgehärtet'. „Nachdem die Könige die riesige Stadt Niniveh in Adiabene passirt hatten und in der Mitte der Brücke über den grossen Zab' Opferthiere geschlachtet waren, deren Eingeweide Günstiges versprachen, giengen sie sehr fröhlich hinüber.' Von geringem Interesse für uns ist die nun folgende Nachricht, dass Ammianus und seine Begleiter hierauf rasch zu der gastlichen Pflege des Satrapen zurückkehrten, nachdem sie erwogen hatten, dass die Heeresmasse erst am dritten Tage die römische Grenze überschreiten könne; dann eilten sie, die rechtzeitige Alarmirung der zunächst bedrohten Provinz Mesopotamien zu bewirken.

---

[1] Qui (adpetitus) si eluaisset interpretive, constabat nos omnes sub elogio uns morte multandos. XV 5, 26.

[2] In hoc mentis ... scrutabamur indagine ... et ... sollicitarentur (milites) ... fluxioris fidei et ad momentum omne versabiles. XV 5, 30.

[3] ... impavito equo prae me ferens ad civitatem reduco. XVIII 6, 10.

[4] ... cum centurione quodam fidissimo XVIII 5, 21.

[5] ... in solo Romano adulescens, nobiscum occulte sentiens ea gratia, quod obsidatus sorte in Syriis detentus et dulcedine liberalium studiorum inlectus remeare ad nostra ingenti desiderio gestiebat. XVIII 6, 20.

[6] adiuncto taciturno aliquo locorum perito mittor ad praecelsas rupes exinde longe distantes, unde nisi oculorum defecerit acies, ad quinquagesimum usque lapidem (das sind 73,935 Meter) quidvis etiam minutissimum apparebat. XVIII 6, 21.

[7] flumihibus Anzaba et Tigride XVIII 6, 19 scheidet Beide deutlich genug. Für die angebliche Vogelschau empfiehlt sich hier, den Anzaba mit dem nördlichen, grossen Zab gleichzusetzen.

1*

Es wird nicht zu bezweifeln sein, dass Ammianus seiner Instruction gemäss durch die freundliche Hilfe jenes Satrapen von Gordyene von einer uns nicht bekannten Felsenhöhe, vielleicht des Zagrosgebirges, bei besonders günstigen Bedingungen reiner Luft das Anrücken des persischen Heeres mit dessen Führern an der Spitze bis zu einer Brücke über den grossen Zab beobachten konnte[1] und dann eilig die nöthigen Vorsichtsmassregeln im römischen Grenzgebiete veranlasste. Im Uebrigen wird man den Bericht über das Gesehene zum grössern Theile für ein Phantasiestück zu halten haben. Kühn ist schon die Bestimmung des Aussichtsgebietes auf fünfzig römische Meilen, auch wenn die Zahl nur als approximative Schätzung gelten soll. Eine riesige Stadt Niniveh hat allerdings existirt, war aber schon etwa ein Jahrtausend vor der Veröffentlichung dieses Berichtes zerstört worden. Es ist nicht wohl glaublich, dass auch das schärfste Auge von jener unbekannten Höhe die Eingeweideschau und das ‚sehr frohe‘ Aussehen der weiter schreitenden oder reitenden Könige erkennen konnte.

Ueber die Frage, ob der Perserkönig dieser Zeit Rinder geopfert und aus den Eingeweiden derselben sich die Geschicke der nächsten Zukunft habe weissagen lassen können, muss ich das definitive Urtheil den Kennern persischer Religionslehre dieser Zeit und wohl des Mazdaismus überhaupt anheimgeben. So viel ich sehe, ist ein Argument für diese Anwendung etruskischer Haruspicin, welche im römischen Heere vier Jahre später noch die Erhebung des christlichen Kaisers Jovianus zu rechtfertigen hatte,[2] durch einen Perserkönig nicht nachzuweisen, obwohl uns aus dem Jahre 361 Ammianus selbst berichtet, dass der Perserkönig auf ungünstige Auspicien[3] sein Heer von einem Feldzuge gegen den Kaiser Constantius zurückkehren liess. Wenn der eigentlich monotheistische, obwohl der Magierlehre vielfach folgende König Xerxes I. auf der Stätte von ‚Priamos‘ ‚Pergamon‘ im Jahre 480 vor Christo der Athene von Ilion tausend Rinder opfern liess, so zeigten die Magier durch ihr Trankopfer für die Heroen,[4] wie wenig sie das von dem Könige Geschehene billigten.

Ferner sind Opfer von weissen Pferden an Gewässern als persischer Religion entsprechend genügend bezeugt;[5] aber als ein schweres Vergehen — wenn auch vermuthlich nicht wie die Verunreinigung des Feuers mit dem Tode bestrafbar — betrachten es die persischen Priester, wenn bei einem Opfer am Wasser, diesem nächst dem Feuer heiligsten Elemente, dasselbe durch Blut verunreinigt wird; die Opferung findet daher in einer Grube neben dem Wasser statt,[6] wie uns aus des Kaisers Tiberius Zeit gemeldet wird. Dem entsprechen doch auch die Opfer, welche auf den Brücken bei dem Uebergange über den Hellespont im Jahre 480 v. Chr. dargebracht wurden: der König goss, nach Sonnenaufgang betend, in das Wasser aus einer goldenen Schale, welche er dann mit einem goldenen Mischkruge und persischen Schwerte auch in das Wasser warf; schon vorher waren mancherlei Wohlgerüche auf den Brücken geopfert und auf deren Bahnen Myrthen

---

[1] Postquam regem Nineus Adiabenan ingenti alvitate transmissa, in medio pontis Anzabae hostiis caesis extisque prosperantibus transire laetissimi … ad satrapen reversi quievimus hospitalibus officiis recreati. XVIII 7, 1.

[2] … hostiis pro Joviano extisque inspectis. XXV 6, 1.

[3] … nuntiatur, regem cum omni manu, quam duxerat, ad propria revertisse, auspiciis dirimentibus. XXI 13, 8

[4] … τῇ Ἀθηναίῃ τῇ Ἰλιάδι βοῦς χιλίας ἔθυσε· χοὰς δὲ οἱ Μάγοι τοῖσι ἥρωσι ἐχέαντο Herodot VII 43.

[5] … ἐς τὸν Στρύμονα … οἱ Μάγοι ἐκαλλιέρεον σφάζοντες ἵππους λευκούς. Herodot VII, 113. — … ripam ad Euphratis . sacrificantibus, cum hic (Vitellius) more Romano suovetaurilia daret, illo equum placando amni adornavit. Tacitus ab excessu D. Augusti VI 37 zum Jahre 85 n. Chr.

[6] τοῖς δὲ γινομένοις, ἢ νεαροῖ ἐπὶ πῦρ θέντες ἢ βόθρον ὀρυξάμενοι τῷ δ᾽ ὕδατι … θύηρα ἀριάσαντες εἰς τόπον τραγικόντα, φυλαττόμενοι μή, τι τοῦ πλησίον ὕδατος αἱμαχθῇ, ὡς μιανοῦντες. Strabo XV 732 Cas. 3, 14 p. 1021 Meineke.

gestreut worden.[1] Und der Perserkönig des Jahres 359 sollte auf einer Brücke blutige Opfer gebracht und Weissagung aus Eingeweiden der über dem Wasser geschlachteten Thiere geschöpft haben! Es ist Šâpûr II., welcher damals in seinem fünfzigsten Lebens- und Regierungsjahre stand[2] und auf welchen die Tradition der persischen Theologie das Verdienst zurückführt, einen ,Text und Commentar' (Avesta und Zend) der persischen Religion drohend als Weltgesetz verkündet und hiemit die Magier zu einer Art Vollherrschaft erhoben zu haben.

So darf ich wohl als wenig glaubwürdig bezeichnen, was Ammianus auf der Brücke über den grossen Zab gesehen zu haben behauptet. Das ihm Günstigste wird noch sein, wenn man annimmt, der ihm zugetheilte Hauptmann, jener ,getreueste Centurio' (S. 27), habe den ihm bekannten Vorgang etruskischer Wahrsagerei bei Šâpûr und seiner Umgebung zu erkennen und dann ihre Gesichter erheitert zu sehen gemeint.

Bei einem andern Berichte ist aber eine so freundliche Auskunft nicht möglich. Es handelt sich um unsres Autors Verhalten und Entkommen bei dem schmählichen Verluste von Amida (Diarbekr) an die Perser. Diese erschienen bei der Sorglosigkeit der Vertheidiger unerwartet vor der Stadt. Zwei illyrische Reiterabtheilungen, welche das Anmarschterrain des Feindes beobachten sollten, versäumten den Dienst in Trunkenheit und Schlaf. Unser Autor selbst, der mit Anderen, um den persischen Vormarsch durch geeignete Massregeln zu hemmen, nach Samosata designirt war,[3] sah eines frühen Morgens mit seinen reisefertigen Gefährten das Leuchten der persischen Bewaffnung vor und bald über der Stadt. Bei dem Kampfe gegen die von mehreren Seiten angreifenden Feinde, während zugleich die erschreckte, durch einen Jahrmarkt vermehrte Bevölkerung den Zusammenhang der Truppenaufstellung durchbricht, gelingt es Ammianus und Anderen endlich, auf schmalen Pfaden gleichzeitig mit rasch nachgedrungenen Persern nach Einbruch der Dunkelheit unter die Mauern zu kommen, wo er in die dichte, selbst dem Sturze der Erschlagenen nicht Raum bietende Masse eingekeilt eine furchtbare Nacht zu verbringen hat: seinen höchsten Vorgesetzten, den dux Sabinianus, hatte er noch mit einem Tribunen und einem Diener zu Pferde entkommen sehen. In diesem Zustande der Aufregung will er in seiner Nähe, ja vor sich einen Soldaten gesehen haben, welchem der Kopf durch einen gewaltigen Schwerthieb in zwei Theile auseinandergespalten war und der doch ,wie ein rings eingepresster Pfahl hing'.[4] Er selbst bekennt, durch die Nähe der Mauer gegen die von derselben entsendeten Wurfgeschosse gesichert gewesen zu sein und Morgens durch ein Hinterpförtchen Eingang, während der persischen Einnahme der Stadt auch Ausgang, gefunden zu haben.

So mag es nur seiner Leichtgläubigkeit zugeschrieben werden, wenn er bei der Erwähnung von des Kaisers Constantius Ableben den Bericht über dessen letzte Krankheit dahin illustrirt, es habe sich ,mit übergrosser Hitze ein solcher Brand in den Adern' ein-

---

[1] Herodot VII 54.

[2] Th. Nöldeke, Geschichte der Perser und Araber zur Zeit der Sassaniden. Aus der arabischen Chronik des Tabari (1879), S. 410, 617. Die Geschichte seines Römerkrieges bei Tabari ist, wie Nöldeke S. 59, Anm. 4 bemerkt, aus einem syrischen Roman über Julian und Jovian geschöpft.

[3] . . nos (? auch der commandirende Sabinianus?) disposuimus properare Samosatam, ut . . . hostilis impetus . . . repelleremus. XVIII 8, 1.

[4] . . . ut miles ante me quidam discriminato capite, quod in aequas partes ictus gladii fiderat validissimus, in stipitis modum undique coartatus haereret. VIII 8, 12.

gestellt, „dass man seinen wie eine Kohlenpfanne glühenden Körper nicht einmal berühren konnte'.[1]

Ich denke, dass man Ammianus' Erzählungen mit grösserer Vorsicht, als bisher geschehen, benützen sollte.

Fünftes Kapitel.

Historiographische Urtheilskraft.

§. 1. Zwei christliche Vorgänger.

Wenn im Anfange dieser Untersuchungen dem Bedauern Ausdruck zu geben war, dass Ammianus sich nicht mit den drei für ihn wichtigsten älteren Universalhistorikern Polybios, Diodor und Trogus beschäftigt und hiedurch seiner Darstellung eine positivere Grundlage gegeben hat, als ihr die blos äusserliche Nachahmung von Tacitus' Büchern gewähren konnte, so tritt uns jetzt ein Mangel anderer, sehr erheblicher Art entgegen. Er hat sich, so viel man sieht, gar nicht mit den Geschichtswerken der beiden christlichen Schriftsteller beschäftigt, welche je in der ersten Hälfte des dritten und vierten Jahrhunderts die Universalhistorie auf neue Wege gewiesen haben. Nicht ausgeschlossen ist ja freilich die Möglichkeit, dass ihrer in den verlorenen dreizehn ersten Büchern an den geeigneten Stellen gedacht war. Es sei immerhin gestattet, hier diese Vorgänger und ihre Verdienste wie ihre Schwächen ins Auge zu fassen, um Ammianus', uns wie oft genug ihn selbst, verwirrendes Verfahren der Composition mit seinen Wirkungen, seinem Zeitalter gemäss, beleuchten zu können.

Der ältere dieser beiden Vorgänger, Sextus Julius Africanus,[2] ist Kriegsmann gewesen wie Ammianus; aber zum Unterschiede von diesem kennen wir nicht seinen Rang in der Armee; allem Anscheine nach Libyer, war er doch wie Ammianus beider Reichssprachen mächtig, wenn er auch seine Schrift in griechischer Sprache publicirte. In den Kriegsjahren 194 und 195 war er in Syrien beschäftigt und in einer parthischen Grenzprovinz, also in denselben vorderasiatischen Landen, von denen uns Ammianus berichtet. Schon damals Christ wurde er mit einem christlichen Könige in Edessa befreundet, dessen von 211 bis 216 regierenden Sohn er auf Jagden begleitete. Es sind Theile einer von ihm verfassten Realencyklopädie erhalten, welche er „Stickerei' (Kestoi) nannte, wie sein Zeitgenosse Origenes ein Hauptwerk: „Teppiche' (Stromata); diese „Stickerei' vornehmlich naturwissenschaftlichen und ärztlichen, gelegentlich anstössigsten Inhaltes und mit Recepten egyptischer Zaubermittel bereichert, bot Ammianus für seine meist überflüssigen Excurse zu oft Material, als dass man nicht ihre, der Kestoi, Benützung bei ihm vermuthen sollte; den Nachweis ihrer Verwerthung bei unserm Autor zu führen will ich doch Anderen überlassen. Im Uebrigen muss man bei der Seltsamkeit der „Stickerei' erwägen, dass die noch von Ammianus (XXII, 16, 17 bis 22) so gepriesenen Ueberlieferungen der Egypter auch vielfach von den Christen unbefangen und bewundernd übernommen wurden.[3]

[1] ... urente calore nimio venas, ut ne tangi quidem corpus eius posset, in modum focelli fervens ... XXI 15, 2.

[2] Ich folge hier den sorgfältigen Forschungen in dem diesen Namen führenden Werke von Heinrich Gelzer I (1880), S. 1 bis 89

[3] Gelzer I 17 hebt das mit Recht hervor, indem er auch den schon von Theodor Kalm „Rom und das Christenthum' (herausg. von H. Ziegler, Berlin 1881), S. 550 f., in seinem Werthe erkannten, von einer unreifen Kritik für unecht erklärten Brief

Dieses Einleben des Christenthums in die bestehenden menschlichen Ordnungen und Schwächen muss man sich vergegenwärtigen, um die Thatsache zu würdigen, dass gerade durch Africanus die Universalhistorie zu einem religiösen Zeugnisse gestaltet wurde. Nicht als ob es ihn, der in Wirklichkeit nur der Wahrheit dienen wollte, an Kritik auch angeblich biblischer, unechter Ueberlieferungen gefehlt hätte. Durch zwei noch erhaltene, in späteren Jahren verfasste Schriften hat er mit heiterm Scharfsinne die Nichtigkeit der Susanna-Geschichte, wie der Erfindung von priesterlichen und königlichen Stammeltern Jesu erwiesen.

So bezeichnen die fünf Bände seiner Chronographie eine Epoche in dieser Literatur. Im Gegensatze zu allen griechischen wie römischen Voraussetzungen sind ihm die Moses' Namen tragenden Bücher heilig und die älteste historische Autorität. Auf sie gestützt geht seine Zeitrechnung von der Erschaffung Adam's, also dessen erstem Jahre aus und zählt solcher Jahre — vermuthlich julianischen Kalenders — 5723 bis zum Abschlusse seines Werkes in des Kaisers Elagabal drittem Regierungsjahre, also 221/222 nach Christi Geburt, welche freilich nach Africanus' Commando in das Jahr Adam's 5500 zu fallen hat. Da lag ein gänzlich auf biblisch-christlicher Grundlage ruhendes Werk vor, welches doch in einer aus den erhaltenen Trümmern nicht mehr zu controlirenden Weise auch griechische und römische historische Literatur ·eingearbeitet aufwies. Eine mit so grosser Mühe und einem auf diesem Gebiete neuen, consequent bewahrten religiösen Affecte durchgeführte Darstellung hätte Ammianus von mancher Seitenbewegung seines Geschichtswerkes abgehalten.

In weit höherm Grade gilt das jedoch von des Bischofs von Cäsarea Eusebios, Pamphilos' Sohnes, universalhistorischen Arbeiten. Allerdings hat Lord Henry Bolingbroke's Genius aus unzureichender Kunde das Urtheil gefällt, Eusebius habe nur die Wasser getrübt,[1] und selbst Gibbon's Scharfsinn hat ihm für die Kirchengeschichte nur etwas weniger Leichtgläubigkeit und mehr höfischen Takt als seinen gelehrten Zeitgenossen zuerkannt.[2] Handschriftliche Entdeckungen des ersten Buches der Chronik und vornehmlich eindringende Studien haben aber in unsrer Zeit das Urtheil über Eusebios überaus günstig gestaltet, vollends als Universalhistoriker. Neben seinen umfassenden, vielseitigen Kenntnissen sind seine vollkommene Aufrichtigkeit und Wahrheitsliebe in helles Licht getreten.[3] Seine Abweichung von der bisherigen christlichen Chronographie begründet er mit den einfachen Worten: ‚ich habe mir mit Eifer vorgenommen, die Wahrheit in hohen Ehren zu halten und mit Genauigkeit zu erforschen'.[4]

Seines, durch die Eusebianische Kirchengeschichte ohnehin antiquirten, Vorgängers Africanus gedenkt er nur im ersten, die eigentliche Chronographie enthaltenden Buche seiner Chronik und auch hier nicht mit Achtung;[5] im zweiten, in Parallelaufstellung die

Hadrian's aus Egypten citirt, das Zusammenleben der dortigen religiösen Bekenntnisse zu verdeutlichen: devoti sunt Serapi, qui se Christi episcopos dicunt ... nemo Christianorum presbyter non mathematicus, non haruspex, non aliptes. (Vopisci Saturninus 8, 2.)

[1] Vgl. meine Züricher Antrittsvorlesung von 1861 in Sybel's Historischer Zeitschrift VII 126.

[2] The decline and fall of the Roman empire (ed. Halifax 1848) I, p. 346, chap. XVI.

[3] Gelzer II* 23, 94, 97.

[4] Ἐγὼ δὲ περὶ πολλοῦ τὸν ἀληθῆ λόγον τιμώμενος καὶ τὸ ἀκριβὲς ἐκγυγνώσκειν φροντίζων. Eusebi chronicorum libri duo ed. Alfred Schoene. Tomus II (1866), p. 4 mit dem Doppeltitel: Eusebi chronicorum canonum quae supersunt, während der erste, 1875 erschienene Tomus den Doppeltitel führt: Eusebi chronicorum liber prior.

[5] Er nennt ihn nicht einmal unter den zehn für vorrömische Geschichte genannten Geschichtschreibern, darunter so geringwerthige wie Thallos und Kephalion: Eusebi chronicorum liber prior 248 sqq. mit Gelzer's Bemerkungen II* 23 bis 35.

Einzelgeschichten der gebildeten Menschheit an dem Faden der biblischen Geschichten behandelnden, und als synchronistischer Kanon ebenfalls bis auf seine eigene Zeit reichenden, Theile hat er Africanus weder erwähnt noch benutzt. Recht zum Unterschiede von dessen blindgläubigen Berechnungen kann Eusebios als der früheste christliche Kritiker der Bibel bezeichnet werden. Er zuerst hat, von den Fictivzahlen der Exoduszeit absehend, den König David als in die fünfte Generation von der Exodus an gehörig eingereiht.[1] Mit offener Absage von der ihm sonst so theuren hebräischen Darstellung beginnt er die glaubwürdige Geschichte in der Bibel erst mit Abraham's Geburt. Die Jahre dieser — statt der unhaltbaren, in Byzanz als weise tradirten Aera von Adam bei Africanus — durch ihn aufgebrachten Aera werden bis auf das Jahr 325 nach Christo unsrer Zählung numerirt und sind dann weiter geführt worden. Hieronymus hat um das Jahr 380 in Constantinopel Eusebios' synchronistische Tabellen in das Lateinische übersetzt[2] und bis zu demselben Jahre 378 geführt, mit welchem Ammianus' etwa anderthalb Jahrzehnte nach Hieronymus' Arbeit vollendetes Werk schliesst.

Von Eusebios' grossartiger Neuschöpfung, geschweige denn von Hieronymus' Ergänzungen derselben aus römischer Geschichte und der Weiterführung der Tafeln bis zu dem Ende seiner eigenen Arbeit findet sich bei unsrem Autor keine Spur einer Einwirkung, in den uns erhaltenen achtzehn Büchern auch, wie gesagt, keine Erwähnung.

§. 2. Personalschilderungen.

Mit Gerechtigkeit über einen Autor wie den unsrigen zu urtheilen, erschwert nächst der eben erörterten Abneigung desselben, sich von christlichen Schriftstellern irgendwie belehren zu lassen, auch der Umstand, dass er über eine ungewöhnliche Menge von Redewendungen, sonst unüblichen Worten, von Erwähnungen und Scherzen der meisten uns bekannten lateinischen Poeten und Prosaiker verfügt. So gebraucht er auch bei seinen Urtheilen oft genug fremdes Gut. Ich denke aber nicht, dass man dies aus prahlerischen Motiven zu erklären hat, etwa aus „seiner Sucht, seine Gelehrsamkeit anzubringen und seine Lesefrüchte in seine Darstellung zu verstecken.“ Ich bin vielmehr der Ansicht, dass den Veteranen gutes Gedächtniss ihn verleitet hat, diese Lesefrüchte alter und neuerer Zeit — wie das an Gellius' Benutzung besonders erheiternd nachgewiesen ist — unbefangen in seine Darstellung aufzunehmen, und das um so mehr, als seine stadtrömische Zuhörerschaft an seiner oft gleichsam unmöglichen Ausdrucksweise keinen Anstoss zu nehmen verbildet genug war. Auch die Schwierigkeit kommt für unser Urtheil hinzu, dass eine Interpretation des Textes, wie sie Mommsen schon im Jahre 1872 dringend empfohlen hat, noch heute nicht geliefert worden ist.[4] Immerhin dürfte mit der dermaligen Textgestalt eine Erörterung der hier zu beantwortenden Fragen schon möglich sein.

---

[1] Treffende Bemerkungen hierüber und über die Eusebianische Aera von Abraham's Geburt bringt Gelzer II° 42, 90 f. Auf anderm Wege bin ich selbst zur Ansetzung von Davids Zeit in die fünfte Generation seit der Exodus gekommen, in unsren akademischen Sitzungsberichten 1891, Band CXXV· de coloniarum quarundam Phoeniciarum primordiis cum Hebraeorum exodo conjunctis p. 17 sqq.

[2] Ueber die der Uebersetzung gemachten, zum Theile ganz unbegründeten Vorwürfe äussert sich überzeugend: Otto Zöckler, Hieronymus' Leben und Wirken (1865), S. 343 bis 357, 383 f.

[3] Hertz (vgl. oben S. 2, Anm. 1) 301.

[4] Gardthausen hat sich vor zwanzig Jahren auch das Verdienst erworben, die „Lesungen der Geleniuschen Ausgabe“ in die seinige aufgenommen zu haben, aber nicht „bei jeder einzelnen kenntlich gemacht, ob sie auf Sabinus, Castellus oder Erasmus zurückgeht oder von diesen sich entfernt“. Mommsen „über den kritischen Apparat zu Ammianus“. Hermes VI 747.

Man wird bei unseres Autors Personalschilderungen zuerst die jedesmal dem verstorbenen Kaiser gewidmeten ins Auge zu fassen haben. Ueber diese wurde schon oben (S. 4) im ersten Kapitel bemerkt, dass sie nach Tacitus' Vorbild gestaltet werden sollten. Von diesem sind nur vier solche Personalschilderungen erhalten, welche den Berichten von dem Tode der Kaiser Tiberius, Galba, Otho und Vitellius unmittelbar folgen;[1] sie beginnen mit der Herkunft derselben und schildern dann ihren Charakter, berühren auch noch einmal die Hauptmomente ihres Lebens, wenn dessen Inhalt bedeutend genug erscheint, wie bei Tiberius und Galba der Fall war: der Nachruf an Tiberius in seiner knappen Form gehört doch zu den Meisterstücken der Geschichtschreibung, während der an Galba noch an rhetorischen Wendungen leidet; die kurze Schilderung Otho's geht in die Wiedergabe einer Wundergeschichte von einem Vogel aus, die für den grossen Historiker befremdlich ist; mit grosser Sorgfalt und reizender Erwägung jedes Wortes werden Vitellius' Geschicke und Eigenschaften mit dem Schlusse erörtert, dass seine Besiegung nothwendig und doch unrühmlich für seine Verräther war. Ausdrücklich genannt werden ‚gut' und ‚schlecht' oder ‚Laster' und ‚Tugend' oder thatsächlich einige gute Eigenschaften neben den Fehlern.[2]

Dies ist das Muster, nach welchem der einstige kaiserliche Leibgardist die Schemata seiner Nachrufe für die Kaiser mit möglichster Regelrichtigkeit und ungewöhnlicher Hölzernheit angelegt hat. Sechs Kaiser hatte er in den Büchern XIV bis XXXI nach dem, was er für Taciteische Vorschrift halten mochte, zu behandeln. Bei dem hingerichteten Caesar Gallus findet sich die gebührende Ordnung (XIV 11. 27 bis 29) zuerst angewendet: Alter, Herkunft, Eigenschaften; vor die letzte Nummer ist die, von nun an nie mehr vergessene, wenn auch in eine andere Rubrik gebrachte, Körperbeschaffenheit eingeschaltet, und geschichtliche Exempel sind angefügt; gute Eigenschaften waren von Gallus noch weniger als von Vitellius zu berichten; so ersetzt das der Bericht über die schöne Erscheinung und den imposanten Bartflaum.[3] Ueber den Kaiser Constantius liess sich gar viel berichten, so dass das Schema überfüllt werden konnte. Seine voraussichtlich in den verlorenen Büchern hinlänglich behandelte Herkunft wird gegen die Vorschrift ausgelassen, das ‚Gute und Lasterhafte' ordnungsgemäss vorgelegt, wobei sein Verhalten als Christ zuletzt mit einer oben (S. 10, Anm. 3) bemerkten Rüge erscheint; die Körperbeschaffenheit macht diesmal den Schluss.[4]

Noch Besseres liess sich, vollends von einem dessen religiöse Anschauungen wesentlich theilenden Geschichtschreiber, für den verstorbenen Kaiser Julianus erwarten. Ammianus kann sich hier, wie nach langem Zwange, in Freiheit bewegen. In überzeugender Weise ist doch nachgewiesen worden,[5] dass er, obwohl Mitkämpfer bei dem persischen Feldzuge von 363, zur Grundlage seiner Darstellung desselben den von dem Kaiser zur Publication bestimmten und auch gelangten Bericht gewählt hat, welcher um die Mitte des folgenden

---

[1] Ab excessu D. Augusti VI 51. Historiae I 49, II 50, III 85.

[2] Bei Tiberius: inter bona malaque mixtus locolani matre. Bei Galba: magis extra vitia quam cum virtutibus. Bei Otho: tantundem apud posteros meruit bonae famae quam malae. Bei Vitellius: inerat tamen simplicitas ac liberalitas.

[3] ... barba licet recens emergente lanugine tenera, ita tamen ut maturius auctoritas emineret. XIV 11, 28.

[4] Auf Constantius' Regierungsdauer und Alter (XXI 15. 3) folgen zunächst Hofnachrichten, dann werden Gemahlin und Tochter erwähnt § 6; hierauf c. 16, § 1: bonorum igitur vitiorumque eius differentia vere servata, praecipue prima conveniet expediri. Beides endet mit § 18. — § 19 umfasst: figura tali situque membrorum.

[5] In der oben S. 26, Anm. 5 erwähnten Dissertation von H. Sudhaus 97 bis 101. Doch ist S. 42 die im Folgenden von mir erwähnte Verwerthung von Polybius und Schilderung von Julian's gutem Verhalten mit einem pluribus verbis describit erledigt.

Jahrhunderts auch von Zosimos excerpiert worden ist. Verfasst war derselbe von Orei-
basios, dem vielseitig gebildeten Arzte und Freunde Julian's. Zu dem, was Ammianus,
aus eigener Beobachtung oder unmittelbarer Erkundung, selbst hinzugefügt hat, da es
sich zur officiellen Publication in der That nicht eignete, dürfte auch gehören, was wegen
Polybios' Verwerthung schon im Beginne dieser Untersuchungen (S. 2) berührt wurde.
Es handelt sich um den fehlgeschlagenen Versuch der Einschlagung eines Thores bei der
Belagerung einer persischen Festung; der Kaiser ‚entkam unverletzt mit scheuer Röthe
übergossen'.[1] Ich denke, diese wenigen ehrenvollen Worte der Personalschilderung wiegen
gar Vieles auf, was uns in dem Nachruf-Schema nach des Kaisers Tode geboten wird.
Es beginnt mit Julian's Herkunft, dann wird (XXV 4, 1) die Reihe der zu behandelnden
acht Tugenden angekündigt und glücklich mit §. 15 erledigt; hierauf folgen die Laster in
sechs, durch Vergleiche mit Hadrian und Marc Aurel sowie durch einen Aratus-Citat
mildernden Sätzen; vor dem Rückblicke auf seine Kriegsthaten wird das Signalement seiner
körperlichen Erscheinung geliefert (§. 22).

Wie wenig sympathisch die Herrschaft seines frühern Kameraden Jovianus unserm
Autor gewesen ist, war früher (S. 20) bei Erörterung seiner religiösen Ueberzeugung
von dem Walten der römischen Monarchie und seines Ausscheidens aus dem Kriegsdienste
zu erwähnen. Doch hat er auch bei dem Nachrufe auf diesen Kaiser sein Schema möglichst redlich und unbefangen eingehalten. Es beginnt wiederum mit der Altersangabe,
worauf unmittelbar das Signalement und dann erst die Charakteristik folgen.[2] Hiebei wird
von dem Verstorbenen manches Gute erwähnt, dies Wort doch nicht gebraucht, wohl aber
ist von Lastern die Rede.

Der Nachruf an Valentinianus I. beginnt mit einer Art Entschuldigung des ‚schon
mehrfach' innegehaltenen Schemas, das von der Herkunft beginne und bis zum Tode die
Thaten in einer Uebersicht zu behandeln habe — man denkt an Tacitus' Muster bei
Tiberius — dann gleichmässig Laster und gute Eigenschaften, um ‚so das eigentliche Innere
der Geister immer aufzudecken'.[3] Indem Ursprung, Jugend und Regierungsthaten behandelt
werden, hat der Autor auch von diesem wie von Jovianus zu erwähnen, dass er einst
ebenfalls zu den kaiserlichen Gardisten, den Protectores, gehörte. Ehe er ‚Laster und
gute Handlungen' des verstorbenen Regenten vorführt, gibt er seiner ‚Ueberzeugung' Ausdruck, ‚dass die Nachwelt, weder durch Furcht noch durch schmähliche Schmeichelei ge-
bunden, eine unverdorbene Zuschauerin der Vergangenheit zu sein pflege'. Das ist ein
Bekenntnis, welches trotz der entlehnten Worte nicht undeutlich erkennen lässt, wie
Theodosius, als durch Valentinianus' Sohn Gratianus zur Kaiserwürde gelangt, das Andenken
dieses Vorgangers nicht schmähen lassen wollte; auch Honorius' Regierung — wenn dieses
dreissigste Buch nach Theodosius' Ableben publiciert worden ist — dürfte die ehren-
werthe Tradition übernommen haben. Das Signalement wird gleich nach der Erzählung

---

[1] Evasit cum omnibus tamen, paucis levius vulneratis, ipse innoxius verecundo rubore suffusus. XXIV 3, 16.

[2] XXV 10, 13 bis 15.

[3] Ich setze die seltsame auch für Tacitus' Nachahmung, wie sie im ersten Kapitel behandelt worden ist, nicht unwichtige
Aeusserung ganz hieher: Replicare nunc est oportunum, ut aliquoties facimus, et ab orto primigenio patris hujusce principis ad usque ipsius obitum actus ejus discurrere per epilogos brevis (?), nec vitiorum praetermissa discrimine nec bonorum,
quae potestatis amplitudo monstravit, nudare solita semper animorum interna. XXX 7, 1. — Die nächste im Texte wieder-
gegebene Entschuldigung ist 8, 1. — Ueber Valentinian's Gelderpressungen für gesteigerte Militärausgaben, hatte er sich
früher scharf genug und würdig geäussert: quoniam adest liber locus dicendi, quae sentimus, aperta loquimur. Da tadelt
er auch den Kaiser indiscreta amicitia punientem gregariorum errata parventem potioribus. XXVII 9, 4.

der Herkunft durch Schilderung der ungewöhnlichen Körperkraft Valentinian's I. begonnen und am Schlusse, nach der Schilderung der guten Thaten desselben, im Einzelnen beendet (XXX 9, 6).

Der letzte in dem Rahmen von Ammianus' Geschichtswerk zu behandelnde Kaiser war Valens, der auf unbekannte Weise in der Schlacht von Adrianopel am 9. August 378 umgekommene Bruder Valentinian's. Auch war mit des Letztern Herkunft die seinige vorgeführt. So kann der Nachruf mit Lebensalter und Regierungsdauer beginnen, dann aber sofort zu den guten und schlechten Eigenschaften übergehen; zu denen wird — doch so, dass es auch von den letzteren gelten kann — bemerkt, dass sie Vielen bekannt seien;[1] der Nachruf soll keine Controlle zu scheuen haben, obwohl die Schilderung der Laster durchaus schonungslos, ja erbittert ausgefallen ist; wieder am Schlusse steht, mit der Trägheit seiner Natur beginnend, die Beschreibung seiner Körpergestalt. Der ganze Nachruf wird mit einer Art Exclamation beendet, dass die mit der Zeitgenossen Erinnerung stimmenden Worte auf voller Wahrheit beruhen.[2]

Einst hatte der Autor freilich bescheidener erklärt, er habe den Hergang der Begebenheiten so erzählt, wie er die Wahrheit eben habe erforschen können, sei es, dass dieselben in eine Zeit fielen, da er schon erwachsen genug war, um sie zu beurtheilen, sei es, dass er von Leuten, welche sich innitten der Begebenheiten befanden, durch gründliches Ausfragen den Hergang erfuhr; das jetzt[3] Folgende wolle er nach Kräften besser ausgearbeitet erledigen — so dass nun hier der Anfang des zweiten Theiles seiner Publication vermuthen könnte.

Die erstere Bedingung für das früher Erschienene trifft zu bei dem über Valens Gesagten, dass er zu dessen Beurtheilung als Herrscher erwachsen genug war; denn er mag um die Zeit der Schlacht von Adrianopel etwa fünfzigjährig gewesen sein. Aber es ist doch Thatsache, dass die zweite Bedingung des Ausfragens der Bestunterrichteten, also nächst den Truppenführern vor Allem an Valens' Hofe Beschäftigter, oft genug, wie die Zweifel und Lücken der Erzählung zeigen, nicht erfüllbar gewesen sind. Was gar die bessere oder „gefeiltere" Ausarbeitung betrifft, so möchte ich über dieselbe lieber kein Urtheil abgeben, da kein Leser einen qualitativen Unterschied zwischen dem vierzehnten Buche und den folgenden entdecken dürfte.

Immerhin wird man trotz der herausfordernden Sprache bei der ungünstigen Schilderung, welche dem Charakter des Kaisers Valens in dem erwähnten Nachrufe gilt, als Ergebnis der pedantisch geordneten Urtheile über die sechs Kaiser doch die Thatsache angeben können, dass Ammianus den Leser, von seiner Zeit an bis auf die unsrige, durch möglichst wahrhafte und orientirende Berichte über Natur und Leistungssumme dieser Regenten in hohem Grade verpflichtet hat. So ist auch die Empörung des einzigen eigentlichen Prätendenten in der von den erhaltenen Büchern begrenzten Zeit in derart einfacher und sachgemässer Weise geschildert worden, dass neuere Forscher, ohne Widerspruch zu finden, das Verdict ab-

---

[1] Cujus bona multis cognita dicemus et vitia. XXXI 14, 1.

[2] Haec super Valente dixisse sufficiet, quae rern esse aequalis nobis memoria plene testatur. XXXI 14, 9.

[3] Utcumque potuimus veritatem scrutari, ea quae videre licuit per aetatem, vel perplexe interrogando versatos in medio scire narravimus ordine casuum exposito diversorum: residua, quae secuturus aperiet textus pro virium captu limatius absolvemus. XV 7, 1. Michael (vgl. oben S. 3. Anm. 2) irrt, wenn er aus dieser, nur vom fünfzehnten Buche geltenden Versicherung einen Schluss auf den von ihm geglaubten ersten Theil ziehen zu können meint.

geben konnten, Zosimos' — in der That phantastischer — Bericht' müsse gegen den unsres Geschichtschreibers zurücktreten.

Hier ist zunächst die Einreihung des Berichtes in den, dem Autor nicht genau bekannten, Zusammenhang von Valentinianus' Alamannenkriege des Jahres 365 bemerkenswerth: um den ersten November sei diesem Kaiser in Paris die Nachricht von Procopius' Aufstande zugekommen.' In, soweit ihm möglich, correcter Zeitfolge und von dem Gesichtspunkte der Regierung des römischen Gesammtstaates wird der Ausbruch der Rebellion erzählt. Zunächst wird Valentinian über die neue Gefahr betroffen, lässt Pannonien gegen den Usurpator militärisch sichern und sich dann bewegen, seine nächste Sorge der Sicherheit Galliens gegen die Anfälle der Germanen zuzuwenden. Das drückt dieser Kaiser hierauf pflichtgetreu mit den (XXVI 5, 13) einfach wiedergegebenen Worten aus, Procopius sei nur sein und seines Bruders Feind, die Alamannen aber seien die Feinde des ganzen römischen Reiches; dann trifft er auch geeignete Sorge für die Sicherheit der gefährdeten Provinz Africa.

Da hat denn doch Ammianus genug historiographische Urtheilskraft, um zu erkennen, dass die Weitererzählung von dem erwähnten Gesichtspunkte, nämlich kaiserlicher Fürsorge für alle gleichzeitigen Aufgaben des Weltreiches, nicht länger durchführbar sei. Nunmehr wolle er die Begebenheiten nach der Reihe,' zunächst die im Oriente behandeln, da er sonst in eine wüste Unordnung gerathen würde.

Im Oriente hat ihn demnach Procopius' Rebellion zu beschäftigen. Da aber dieser Prätendent doch durch einige Zeit in einem Theile des Reiches als Kaiser anerkannt wurde, so scheint sich der Autor verpflichtet gehalten zu haben, ihm auch einigermassen das kaiserliche Nachruf-Schema zu Gute kommen zu lassen. Es beginnt mit Procopius' Herkunft, Seitenverwandtschaft mit dem Kaiser Julianus,' Sitten und Emporkommen bis zu Constantius' Tode; das gleichsam Taciteische Schema wird nach dem Berichte von des Usurpators Enthauptung fortgesetzt (9, 11): ‚er ist neununddreissig Jahre und zehn Monate alt geworden, war von ansehnlichem Körper, ziemlich grosser Statur, etwas vorgebeugt, schritt immer auf den Boden blickend einher, nach seiner verschlossenen, düsteren Weise jenem Crassus vergleichbar, der nach Lucilius' und Tullius'' Versicherung nur einmal im Leben gelacht hat; aber merkwürdiger Weise war Procopius, so lange er gelebt hat, nicht mit Blut befleckt.' Die Personalschilderung ist, ob auch in zwei Theilen geliefert, doch vollkommen genügend und für ihren Verfasser bezeichnend. Er erklärt übrigens als unbezeugt,' ob

---

[1] IV 4 bis 8, S. 177 bis 182 ed. Bekker (Bonn 1837) mit dem Urtheile von Reitemeier-Heyne, p. 361: Ammiani narratio cum propter scriptoris auctoritatem et fidem, tum ob rerum ipsarum probabilitatem ceteris omnino est anteferenda.

[2] Et circa id tempus aut non multo posterius (ein ehrenvolles Bekenntnis seiner lückenhaften Kunde) in oriente Procopius in res surrexerat novas, quae prope Kalendas Novembris venturo Valentiniano Parisios (fehlen sechs Buchstaben) eodemque nunciata sunt die. XXVI 5, 8.

[3] Er sagt sich und uns ganz biblich, welche Schwierigkeit ihm das andere Verfahren geboten hätte: ne, dum ex loco subinde saltuatim redire festinamus in locum, omnia confundentes maxiditate maxima rerum ordines implicemus. XXVI 5, 15.

[4] ... propinquitate Julianum postea principem contingebat. XXVI 6, 1. Zosimus (IV 4, p. 177) muss wohl in seiner Vorlage auch nichts Näheres gefunden haben: τούτῳ ᾽Ιουλιανὸς ὡς γένει συνετέτμητο. Die Verwandtschaft braucht keineswegs, wie Wagner III 118 meint, von Julianus' Mutterseite zu sein; Procopius selbst rühmt in der Ansprache an die Truppen von sich stirpis propinquitatem imperatoriae (XXVI 6, 18), was eher auf die Vaterseite weist.

[5] Wie schon Lindenbrog bemerkte, ist Lucilius' Erzählung von Marcus Crassus ἀγέλαστος von Cicero de finibus V 30 erwähnt. Mit solchen Ungenauigkeiten sein Werk zu verbrämen, hält eben Ammianus für erlaubt.

[6] Hunc Julianus Persidem ingrediens, consociato pari potestatis jure Sebastiano in Mesopotamia cum manu militum relinquebat valida manudaretque, ut susurravit obscurior fama — nemo enim dicti auctor exstitit verus — pro cognitorum agere texta et si subsidia rei Romanae languesce consisset, imperatorem ipse se provideret ocius nuncupari. XXVI 6, 2.

Julianus diesen Procopius jemals aufgefordert habe, sich eventuell als Kaiser ausrufen zu lassen. Die Darstellung seiner Empörung ist als tadellos zu bezeichnen. Den Autor selbst erinnerte dessen plötzliches Auftauchen an eine Theaterscene.[1]

Noch eine andere Auflehnung gegen die römische Herrschaft und somit auch gegen die kaiserliche Gewalt[2] im nordwestlichen Africa bleibt uns schliesslich zur Erwägung. Es ist die, welche des Kaisers Theodosius, in der That hochverdienter und auch von Ammianus Marcellinus mit bewundernder Lobpreisung gefeierter, gleichnamiger Vater durch Klugheit und glückliche Truppenführung im Jahre 373 beendete. Firmus, einer von den vielen, den Vater überlebenden Söhnen eines unter den Mauren besonders angesehenen und mächtigen Fürsten, war wegen Tödtung eines Bruders mit der römischen, dazu ungeschickt von dem Statthalter geübten Justiz in Conflict und zu einer Rebellion gekommen, die ihn einige Zeit zum Befehlshaber einer grossen Truppenmacht und königlichen Herrscher in Mauretanien und Numidien machte. Soweit die lückenhafte Ueberlieferung von Ammianus' Texte in diesem Falle ein Urtheil gestattet, ist die, auf Grund einer sachkundigen und vielleicht auf den altern Theodosius indirect zurückgehenden Schilderung der Begebenheiten, gelieferte Erzählung des Bemerkenswerthesten überhaupt geschickt und anschaulich gerathen. Die Person des maurischen Fürsten mit allen seinen unzuverlässigen plötzlichen Wandlungen und Täuschungsversuchen, wilden Sorgen, muthigen Kämpfen, verzweifelten Fluchtversuchen tritt uns in fassbarer Klarheit entgegen; wenn er bei seinem Fluchtritte nach der letzten, verlorenen Schlacht als ,unbändig und zu seinem Verderben oft unbesonnen'[3] bezeichnet wird, so entspricht das wie ein Resultat den bisher gelieferten Einzelheiten dieser Empörung. Wie er vor seiner Auslieferung durch einen scheinbaren Verbündeten, der in der That Theodosius' Gebote folgt, seine Wächter schlau zu berücken, sich einen Strick zum Erhängen zu verschaffen weiss, erscheint als ein passender und gut erzählter Schluss.

Die besprochenen, trotz ihrer steifen Anordnung und ungeschickten Stilistik, überaus instructiven Nachrufe und die zuletzt erwähnte Darstellung des Unterganges eines africanischen Rebellen dürften genügen, um die Befähigung des Geschichtschreibers für Personalschilderungen darzuthun. Ueberaus zahlreich sind die kurzen Sätze, in denen er auch in ausreichender Weise die geringeren Figuren der in seinen Büchern behandelten fünfundzwanzig Jahre zu zeichnen weiss.

§. 3. Völkerschilderungen.

Wenn sich Ammianus Marcellinus für einen bestimmten Kreis der von ihm zu liefernden Personalschilderungen, wie in so mancher andern Beziehung, an Tacitus' Muster halten zu müssen glaubte, so sollte man eine ähnliche Nachahmung des grössten Historikers der Römer für die Disposition und bei Einzelheiten der unvermeidlichen Völkerschilderungen erwarten. Nun ist ja allerdings möglich, dass in dem einen und anderen der verlorenen Bücher sich der Autor etwa bei Beschreibungen germanischer und britischer oder auch

---

[1] et in theatrali scaena simulacrum quoddam insigne per aulaeum vel mimicam cavillationem subito putares emersum. XXVI 6, 15.

[2] (Firmus ab imperii dictione descivit XXIX 5, 3. Die alte Literatur über Firmus von Valesius zusammengestellt bei Wagner III 302. Seine Geschichte ist mit gewohnter Meisterschaft dargestellt bei Gibbon chapter XXV (II 113 ed. Halifax 1848). Gibbon hat schon mit Recht über die auch für Zeitbestimmung sehr empfindlichen Lücken der Textüberlieferung des Kapitels geklagt.

[3] . . . ut ipse Firmus ferox et saepe in suam perniciem praeceps. XXVI 5, 11.

anderer Stämme an das Taciteische Vorbild gehalten habe. In den erhaltenen Büchern sind ähnliche Bemühungen des Nachweises für mich ohne nennenswerthen Erfolg geblieben. Das einzige dem Römerreiche nicht unterworfene Volk, welches Ammianus während seiner militärischen Dienstzeit in Frieden und Krieg genügend kennen zu lernen Gelegenheit hatte, waren die Perser. In der That ist die Beschreibung, welche er von ihrer Natur und ihren Sitten an die, mit vielem Selbstgefühle[1] eingeleitete, wesentlich einem nicht viel ältern Geographen[2] entlehnte, Landesbeschreibung des Perserreiches anschliesst, von sprechender Kunde und zweifelloser Glaubwürdigkeit.[3] Begonnen wird mit der einfachen Bemerkung, dass sich unter den von einander abweichenden und mannigfachen Bevölkerungen dieses Reiches auch Verschiedenheiten wie örtlicher Art so unter den Menschen finden. Geschildert wird uns aber schlechterdings nur die herrschende Classe der Perser mit ihrer mannigfachen Unzucht und ihrer grausamen Härte, namentlich gegen die Dienenden und Untergebenen im ganzen Reiche, ebenso mit ihren peinlich genau befolgten Anstands- und Kleiderordnungen, ihren inhaltarmen Gesprächen und ihrer unermüdlich geübten militärischen Thätigkeit; denn sie sind Krieger ‚schärfster Art‘, ‚vor ihrer Bewaffnung hat es uns oft gegraust‘.[4] Anderwärts gibt er[5] eine genaue Einzelbeschreibung der persischen, den ganzen Körper schützenden ehernen Bewaffnung, ihrer vollkommenen Fertigkeit im Bogenschiessen und ihrer, auch in dieser späten Zeit noch wirksamen Elefantenverwendung. Er hat Urtheilskraft genug, um ein, freilich vielleicht nicht echtes, literarisch-politisches Beispiel persischer Anmassung in einem an den Kaiser Constantius gerichteten Briefe Sâpûr's II. zu bringen,[6] ‚des Königs der Könige, Genossen der Gestirne, Bruders der Sonne und des Mondes‘ an seinen Bruder den Caesar Constantius, der denn auch mit entsprechendem Pompe antwortet.

Ebenso ist er in Folge seiner militärischen Erfahrungen in der Lage, über diejenigen Araber authentische Kunde zu bringen, ‚welche wir jetzt Sarracenen nennen‘.[7] Er hat sie als Mitkämpfer und als Feinde kennen gelernt, beschreibt ihre Eigenart mit heiterer Verwunderung, um schliesslich vor der ‚verderblichen Nation‘ zu warnen.

Dieselben — vermuthlich theilweise oder auch meist entlehnten — Redewendungen, welche schon die Lectüre der sarracenischen Sitten ganz angenehm gemacht hatten, verwendet er auch gelegentlich‘ bei der so oft nachgeahmten und zu einer Art classischer Berühmtheit gelungenen Beschreibung von Natur und Sitten der Hunen. Er nennt sie ‚die vielleicht schneidigsten Kriegsleute unter Allen‘; das bedeutet wohl, dass er ihre Kriegsleistungen über die der Perser stellt. Es wird mir nie einleuchtend werden, dass er selbst militärische Kunde von den Hunen gewonnen hätte; die Nachrichten über dieses

---

[1] Res adigit huc probatas, ut in eosdem coleti situm monstrare Persidis, descriptionibus gentium curiose digestum e quibus aegre vera dixero paucissimi XXIII 6, 1 mit curiosen Fehlern, etwa über Cyrus und Darius §. 7 und 8 und gar §. 24 über den Ursprung der Post durch des Kaisers Verus Feldzug nach Babylonien u. s. w., was man kürzer, doch aus ähnlicher Quelle, bei Capitolinus, Verus 8, 2 findet.

[2] Gardthausen conjectans Ammianos 28—36 und ‚Geographische Quellen‘ 5, 8, 10 - 14, 21 f. Nach den dortigen Ausführungen S. 16 ist die Vorlage wahrscheinlich zwischen 342 und 351 entstanden, spätere Daten sind von Ammianus nachgetragen.

[3] XXIII 6, 75 bis 84 incl.

[4] cum sint acerrimi bellatores ... armaturae, quam saepe formidavimus 80 und 83. Michael, Die verlorenen Bücher (vgl. S. 3, Anm. 3) meint S. 6 das handschriftliche formavimus mit unerhörter Bedeutung vertheidigen zu können.

[5] XXV 1, 12 bis 16.

[6] ... literas quarum hunc finiss accepimus sensum XVII 5, 2 zeigt doch, dass auch Ammianus seine Bedenken hatte.

[7] XXII 15, 2; das Folgende XIV 4, 1 bis 6.

[8] Gardthausen, Geographische Quellen S. 4 bringt hübsche Beispiele. Die Hunenschilderung: XXXI 2, 1 bis 12.

neue Volk, welche ihm, wie die zunächst gleichmässig folgenden über die Alanen, durch mündliche oder schriftliche Mittheilungen zugekommen sein werden und nur überarbeitet sein dürften, zeigen genügend, wie die Geschicklichkeit der Darstellung bei unserem Autor allmählich gewachsen ist.

Aehnlich dürfte es sich mit allem dem verhalten, was an Kämpfen, die Katastrophe von Adrianopel mit eingeschlossen, in dem letzten Buche enthalten ist. So wird man auch, was hie und da über Laster der Gothen eingestreut ist, nicht zu ernst zu nehmen und auf die erbitterte Phantasie der den Römernamen führenden Besiegten zurückzuführen haben.

Wie man sich zu erklären haben dürfte, dass in den uns erhaltenen Theilen des Ammianischen Geschichtswerkes sich eigentliche zusammenhängende Schilderungen germanischer Stämme nicht finden, ist schon im Eingange dieses Paragraphen berührt worden. Seinem gleichsam religiösen Hasse gegen die Germanen Ausdruck zu geben, hat der Autor in der Schilderung von Valentinianus' Kämpfen gegen dieselben hinlängliche Gelegenheit genommen. Einzelne Redewendungen mit einer Verwerthung des Plural,[1] der hier römischer Majestät als solcher des Volkes gelten mag, legen nur die grundlose Versuchung nahe, unsren Autor als anwesend bei den unter Valentinianus I. geführten Kriegen gegen die Germanen, speciell die Alamannen, zu denken.

So hat er auch zum Jahre 357 in den begeisterten Bericht über des Caesar Julianus Sieg von Strassburg Schilderungen eingefügt von der erschütternden Wirkung alamannischer, von Kriegslust leuchtender Augen, flatternder Haare, tönender, Wasserwirbeln gleich schallender, Schlachtgesänge. Ammianus war aber während dieses Kampfes mit seinem Commandanten längst, wie er kurz vorher erzählt hat, nach Osten abgezogen.[2] Und so verhält es sich bei den späteren Schilderungen von Gefechten mit den Westgermanen.

Es gilt das namentlich von einer unter Valentinian's eigener Führung im Jahre 368 unternommenen gefährlichen Expedition, welche mit einer Art Sieg vor dem Rückzuge endete, und bei welcher der Kämmerer mit des Kaisers kostbarem Helm sammt Futteral verschwunden ist.[3] Mag sich auch Ammianus, mit Absicht oder nicht, den Schein der Anwesenheit bei diesem Feldzuge und anderen gegeben haben, zweifellos hat ihm auch bei diesem Theile seines Werkes Ehre und Sicherheit des römischen Reiches gegenüber den Germanen am Herzen gelegen. Da er, wie früher bemerkt, Valentinian keineswegs freundlich gesinnt war, so liest man um so lieber die warmen Worte der Anerkennung, welche er den ehrlichen Mühen dieses Kaisers widmet: ‚Grosses und Nützliches schuf sein Geist: ‚den ganzen Rhein von seinem Beginne in Rhaetien bis zu den Buchten des Oceans hat er mit grossen Bauten befestigt. Er widmete sich der Sorge für den Staat, wie es des Herrschers Pflicht entspruch'.[4]

Noch wolle der Leser die Schilderung eines den Römern unterworfenen Volkes erwägen. Der Geschichtschreiber war ein aufmerksamer Besucher Egyptens gewesen und hatte seine mannigfachen Beobachtungen zum Theile schon in zwei früheren Büchern

---

[1] Dahin gehört auch XXVII 10, 16: in hac dimicatione nostri quoque oppetiere non contemnendi est.

[2] XVI 12, 36 und 48. — XVI 10, 21.

[3] ... periculum, cui adeo proximus fuit (Valentinianus), ut galeam eius cubicularius ferens auro lapillisque distinctam cum ipso tegmine penitus interiret, nec postea vivus reperiretur aut interfectus. XXVII 10, 11.

[4] At Valentinianus magna animo concipiens et utilia Rhenum omnem a Rhaetiarum exordio adusque fretalem Oceanum magnis molibus communiebat . . reipublicae curam habuit, ut officio principis congruebat. XXVIII 2, 1.

seines Werkes mitgetheilt.[1] Die dritte, uns jetzt beschäftigende Darstellung des egyptischen Landes und Volkes, welche das letzte Achtel des zweiundzwanzigsten Buches einnimmt, beruht neben den Reise-Erinnerungen des Verfassers vornehmlich auf den Angaben des oben (S. 38) erwähnten Geographen, welche hier durch Einfügung der nach Theodosius' Söhnen Arcadius und Honorius genannten Provinzen Egyptens vermehrt wurden. Da der jüngere Sohn im Jahre 384 geboren wurde und 393 die Augustuswürde erhielt, so kann man zweifeln, welches von diesen beiden Jahren als das früheste der Abfassung dieses Theiles des Geschichtswerkes anzusehen ist.

Die eigentliche Schilderung des egyptischen Volkes[2] ist verächtlichen Inhaltes und füllt wenige Zeilen. Vorher geht die bei der Prüfung von unsres Autors Verhalten zum Christenthume S. 14 f. eingehend erörterte Lobpreisung Jesu.

§. 4. Täuschung mit einer Sonnenfinsterniss.

Wiederholt haben wir gesehen,[3] dass Leichtgläubigkeit und eine zu lebhafte Phantasie Ammianus' historiographische Urtheilskraft schädigen, wenn auch nicht zu bezweifeln ist, was er oft und unnöthig[4] versichert, er wolle nie wissentlich von der Wahrheit abweichen.

Er meldet doch zum Jahre 360 Folgendes. Zur Zeit, da sein verehrter Commandant Ursicinus seiner Befehlshaberstelle enthoben wurde, haben ‚in den Gebieten des Orientes (per eoos tractus) von dem Beginne der Morgenröthe bis zur Mittagszeit unaufhörlich die Sterne geleuchtet'.[5] In unsres unvergesslichen, verewigten Oppolzer ‚Canon der Finsternisse'' ist aber der untrügliche Beweis verzeichnet, dass hier eine arge Uebertreibung vorliegt. Am 28. August 360 fand allerdings eine Sonnenfinsterniss statt, bei welcher die ekliptische Conjunction um drei Uhr fünfundvierzig Minuten Nachmittags eintrat; aber diese nur ringförmige Finsterniss fand statt unter 32 Grad nördlicher Breite und 56 Grad östlicher Länge von Greenwich, also weit östlicher als die eoi tractus des römischen Reiches; innerhalb der asiatischen Grenzen desselben war sie erkennbar, doch wie gesagt, nur Nachmittags, und an ein Erscheinen der Sterne, wie bei einer totalen Sonnenfinsterniss ist überhaupt nicht, niemals an eine solche Erscheinung der Sterne von sechsstündiger Dauer zu denken, wie sie unser Autor geglaubt hat. Die totale Sonnenfinsterniss dieses Jahres 360, wieder an einem Nachmittage und zwar um 4 Uhr, hat am 4. März stattgefunden und ist nur in Australien sichtbar gewesen. Erst am 16. Juni 364 trat eine solche in den römischen tractus eoi ein.

Ob für Ammianus eine Irreführung, Leichtgläubigkeit oder Phantasievorstellung zur Entschuldigung geltend gemacht werde: es ist eine Warnung für den Leser und den dieses Geschichtswerk benutzenden Forscher.

---

[1] Vgl. oben im ersten Kapitel S. 2, Anm 4, dann im dritten S. 14. Seine Anwesenheit in Egypten erwähnt er zuerst XVII 4, 6 f. bei Aufführung der Monumente, speciell der Obelisken von Theban, dann mit dem oft citirten ‚visa pleraque narrantes' in XXII 15, 1.

[2] XXII 16, 23.

[3] Vgl. oben S. 26 bis 30.

[4] ... summatim causas perstringam nuaquam a veritate sponte propria digressuros. XIV 6, 2. — utcunque potuimus veritatem scrutari ... narravimus ordine. XV 1, 1. — Thraciarum descriptio ... opus veritatem professum non juvat. XXVII 4, 2. — ... fallere non minus videtur, qui gesta praeterit sciens, quam ille, qui unquam (nicht: nunquam) facta fingit. XXIX 1, 15.

[5] Eodem tempore per eoos tractus ... a primo Aurorae exortu ad usque meridiem intermicabant jugiter stellae. XX 3, 1.

[6] Blatt 75, 150, 151 der Ikonographie im 52. Bande der Denkschriften unserer mathematisch-naturwissenschaftlichen Classe (1887).

Schluss.

Der Autor und sein Geschichtswerk werden voraussichtlich auch in Zukunft einen Platz unter den Förderern der Universalhistorie einnehmen. Unter den Historikern aller Zeiten dürften sich nicht viele nachweisen lassen, welche sich an Belesenheit in römischer und griechischer Literatur mit Ammianus messen könnten. Mit einem erstaunlich starken Gedächtnisse ausgerüstet hat er in einer für seinen Stil nachtheiligen und für den Leser unbequemen Weise sprachliche Eigenthümlichkeiten von lateinischen Schriftstellern zur Anwendung gebracht, deren Reihenfolge mehr als ein halbes Jahrtausend einnimmt. Unter diesen findet sich auch derjenige, welchem er am meisten ähnlich sein wollte.

Aber Tacitus hat er weniger in Satztheilen nachgeahmt, für welche er einen ohnehin mannigfaltigen Vorrath besass, als in der Gesammtordnung seiner Composition, in den Nachrufen für die Herrscher des Reiches, und dies im weitesten Sinne, endlich in den Anfangs- und Schlusssätzen seiner Bücher. Dass der gelehrteste seiner antiochenischen Landsleute, der gefeiertste Rhetor seiner Zeit, Libanios, erheblichen Einfluss auf ihn gehabt hätte, liess sich nicht nachweisen. Während seiner in früher Jugend angetretenen Dienstzeit hat dieser Marcellinus vielmehr bei tadellosem Lebenswandel und einer sokratischen Art von Bedürfnisslosigkeit seine Ausbildung selbst gefördert und reiche Erfahrungen mit scharfer Beobachtung an Menschen und Dingen gesammelt; er ist aber wahrscheinlich im Laufe des Jahres 364 bereits aus dem activen Militärdienste geschieden. Stets hat er seiner überkommenen heidnischen, mit Philosophemen durchsetzten Religion Treue bewahrt, besonders hat er seine Ueberzeugungen von der Schicksalsmacht ausgebildet, daneben dem Christenthume eine nie unfreundliche, zuweilen bewundernde Haltung bewahrt, den christlichen Kulten, Gemeinden, Vorständen und Zwistigkeiten gegenüber unabänderlich den Gesichtspunkt des staatlichen Interesses festgehalten, welches ihm in unbedingter Hingabe an die kaiserliche Gewalt gipfelt und Hass gegen die gefährlichen Germanen zu einer Art religiöser Pflicht macht. Die Prüfung seiner historiographischen Urtheilskraft hat zunächst den grossen Nachtheil ergeben, dass er von der christlichen Universalhistorie seines Jahrhunderts, welche ihm so Vieles bieten konnte, keine Notiz nahm; er hat sich aber doch in einer, wenn gleich oft pedantischen, doch immer instructiven Weise bei Vorführung von wichtigen Männern und Völkereigenthümlichkeiten bewährt, obwohl er es nicht unterlassen mag, ihm interessant scheinende Dinge ganz fernliegender Art oft und unerwartet zu beschreiben. Leichtgläubig und für alles Wundersame mit seiner lebhaften Phantasie eingenommen führt er, während seine Absichten die besten sind, doch das Vertrauen des Lesers nicht selten irre.

Alles in Allem tritt uns die Erscheinung dieses letzten heidnischen, lateinisch schreibenden Historikers als einzig in ihrer Art und scharf umrissen entgegen.

Anhang.

Ante omnes hospitator ille Ammiani Marcellini Henricus Valesius nennt ihn mit Recht der neueste Herausgeber Gardthausen I, p. XXV. Dieses Valesius, französisch: Valois, Vorrede von 1636 bringt derselbe in der seinigen als eine Art Einleitung, jedoch ohne den charakteristischen, kaum vier Druckseiten umfassenden Schluss. Man findet denselben in der keineswegs musterhaften, dreibändigen, 1808 erschienenen Edition von Jo. Augustin Wagner, welche dessen Freund Gottlob Erfurdt nach Wagner's Tode vollendet hat: I, p. LXXX bis LXXXIV. Zwecklos ist vor dieser inhaltreichen Vorrede die, von Heinrich Valois' Bruder Hadrian der 1681 auf Colbert's Befehl erschienenen zweiten Auflage, vorgesetzte Einleitung von Wagner-Erfurdt I, p. XXXV bis LXXII noch einmal abgedruckt worden. Was von diesem zu halten sei, ist doch hinlänglich in derselben Wagner'schen Vorredensammlung aus Jakob Gronovius' Feder vom 18. November 1692, S. XXIII zu ersehen: Utique quum Parisiis versarer, non audivi Hadrianum talem fuisse, qui mentiri non posset. Um so anerkennender spricht er vorher von dem Bruder: vir nunquam sine honore nominandus divine Ammianum expolivit. Diese Vorrede Gronov's S. I bis XXXIV ist noch heute lesenswerth, auch in der eingehenden Polemik gegen Hadrian Valois' prahlerische und fehlerhafte Edition S. XI bis XXIII, obwohl die dann folgenden eigenen Verbesserungen nicht immer glücklich und öfter gegen beide Valesius gerichtet sind, auch die letzte Seite eine wenig anmuthige Selbstberühmung enthält. Nicht zutreffend urtheilt aber Gardthausen p. XXV über Gronovius, dass er nur die Gelegenheit ergreife, seine Vorgänger und besonders beide Valois zu tadeln; ein Blick auf die Berühmung von Lindenbrog und Heinrich Valois (S. XI) berichtigt den Vorwurf.

Ich füge einige Bemerkungen über die drei anderen von Wagner abgedruckten Vorreden bei. Unter diesen zeigt die älteste, die Friedrich Lindenbrog's (von 1609) auf ihren wenigen Seiten CXXIII bis CXXV das Verdienst, über Ammian's Stil ein kurzes, zutreffendes Urtheil gefällt zu haben (p. CXXIV), und mindestens zwei seiner Sätze behalten ihren Werth: durus ille quidem et asper, si cum Augusti aevo conferatur: at vero ornatus et suas habens veneres, si posteriora tempora et saeculum auctoris originemque eius et sectam spectes. Qui cum Graecus natione esset et castra sequeretur, castrensi, immo aulica quoque dictione usus est. Fraglich ist, ob der folgende Satz sich erweisen lässt: Nam et ipsi imperatores et qui in comitatu eorum elegantiores videri volebant, ita tum loquebantur.

Nach der Biographie universelle erschien erst nach Lindenbrog's Edition und Vorrede, nämlich im Jahre 1627 und in Löwen, die Abhandlung des schon 1580 verstorbenen Professors der Universität Dôle: Claude Chifflet aus Besançon ,de Ammiani Marcellini vita et libris rerum gestarum μενοβιβλιων', welche bei Wagner I. p. LXXXV bis CXXII wieder abgedruckt ist. Selbst Jurist, berühmt er: ut vir studiorum gloria nobilissimus Jacobus Cujacius I. C. praeceptor et amicus noster docuit (p. CXVIII); der grosse Name wird freilich bei einer der irrigen Vermuthungen Chifflet's citirt, welche spätere Aemter Ammian's beweisen sollen, auch ein christliches Bekenntniss und ein Fehlen des 31. Buches, da das erhaltene das 32. sein müsse. Diese Lehre von einem zweiunddreissigsten Buche ist nur von dem oben gewürdigten Hadrian Valois p. LI und neuerlich von Michael (vgl. oben S. 5, Anm. 3) acceptirt worden. Aber Chifflet bringt auch treffende Beobachtungen wie p. XCI: ob Ammianus als protector domesticus oder in anderer militärischer Würde in dem persischen Feldzuge unter Julian diente, sei zweifelhaft: ab omni enim vanitatis ac jactantiae suspicione abest longissime Ammianus, dann CIV bis CVI die Uebereinstimmung seiner Klagen mit den bei den christlichen Autoren erhaltenen.

C. G. Heyne's p. CXXVI bis CXXXVIII abgedrucktes Programm der Stiftungsfeier der Georgia Augusta vom 31. August 1802 bietet weniger, als man von dem gefeierten Namen erwartet; p. CXXVIII. Anm. 1 liest man gar über Tacitus' Benützung: nulla fit memoratio . . . neque ullum aut lecti aut imitationae expressi vestigium occurrit. Eben hier Anm. 2 verweist Heyne im Allgemeinen auf Chifflet's Libellus.

INHALTSVERZEICHNISS.

www.ingramcontent.com/pod-product-compliance
Lightning Source LLC
Chambersburg PA
CBHW032123080426
42733CB00008B/1036